AF210967

Bibliografische Information der Deutschen Nationalbibliothek: Die Deutsche Nationalbibliothek verzeichnet diese Publikation in der Deutschen Nationalbibliografie; detaillierte bibliografische Daten sind im Internet über dnb.dnb.de abrufbar.

© 2025 Regina Tödter

neu überarbeitete Auflage. Verlag:

BoD · Books on Demand GmbH, In de Tarpen 42,

22848 Norderstedt, bod@bod.de

Druck: Libri Plureos GmbH, Friedensallee 273,

22763 Hamburg

2015 Originalausgabe mit dem Originaltitel
„Die 50 besten Zuckersucht-Killer“:
Trias Verlag Stuttgart
bei MVS Medizinverlage Stuttgart GmbH & Co.KG.

ISBN: 978-3-7693-0217-2

Zuckerfreie Rezeptvorschläge S. 66-68: So einfach kann gesundes Naschen sein. Alle hier vorgestellten Produkte sind hausgemacht und garantiert ohne (Industrie-)Zucker. Als Alternativen wurden Xylit, Stevia oder pürierte/zerstückelte Datteln verwendet.

Ohne Zucker. Die 50 besten Tipps

von Regina Tödter

Über das Buch

Sind wir mal ehrlich: Das morgendliche Müsli schmeckt besser, wenn es in süßer Schokomilch schwimmt, die Nasch-Schublade im Büro darf gerne gut bestückt sein und wenn der Konditor um die Ecke so tolle Leckereien zaubert, sollte man das auch honorieren. Der Griff zur süßen Leckerei ist nunmal verlockender als der zu den Gemüsesticks. Schade nur, dass dabei über den Tag schnell mehr Zucker zusammen kommt, als uns gut tut. Wie man die Lust auf Süßes und Zuckriges in den Griff bekommt, ohne sich alles zu versagen, zeigt dieser kleine Helfer: **Ohne Zucker. 50 einfache Tipps**, die ohne Mühe in den Alltag passen. Einfach rauspicken, was Ihnen gefällt, loslegen und zuckerfrei genießen.

Über die Autorin

Die Autorin **Regina Tödter** kennt die Herausforderung der Zuckersucht aus eigener Erfahrung. Schon als Kind gab sie ihr Taschengeld lieber für Süßigkeiten aus und verzichtete im Teenageralter sogar auf ganze Mahlzeiten, um noch mehr naschen zu können. Diese Gewohnheiten führten zu häufiger Müdigkeit und Konzentrationsproblemen. Erst im Alter von 25 Jahren, vor nunmehr 15 Jahren, entschloss sie sich, ihren Zuckerkonsum grundlegend zu überdenken. Heute lebt sie zuckerfrei, ist fünf Kilogramm leichter und zwei Kleidergrößen schlanker. Noch besser ist, dass sie keine unangenehmen Zahnarztbesuche mehr kennt und das typische Nachmittagstief der Vergangenheit angehört. Mit ihren positiven Erfahrungen hat Regina Tödter bereits viele Menschen dazu inspiriert, ihren eigenen Zuckerkonsum unter die Lupe zu nehmen. Sie unterstützt andere mit wertvollen Einsichten und Strategien für einen bewussteren Umgang mit Zucker.

Weitere Bücher der Autorin

Alkoholfrei. Die 50 besten Tipps (2024)
Laufimpulse (2024)
Machs einfach (2019)

Besuchen Sie auch die Homepage der Autorin unter
www.reginatoedter.de

Regina Tödter

Ohne Zucker

Die 50 besten Tipps

Inhalt

Vorwort

Liebe Leserin und lieber Leser,

jeder von uns kennt das: Irgendwann im Laufe des Tages verspüren wir den Hunger nach Süßem. Der Gedanke an das duftende Schokocroissant morgens beim Bäcker oder die Pralinen in unserer Schreibtischschublade lässt uns plötzlich nicht mehr los. Das ist völlig normal und lässt sich biologisch einfach erklären: Der Blutzuckerspiegel im Körper sinkt nach allmählichem Verbrauch ab und die Energie im Körper schwindet. Nun hat der Tag aber 24 Stunden und das Gehirn meldet immer stärker den Bedarf nach neuer Energie in Form von Kohlenhydraten, die vor allem aus Lebensmitteln wie Brot, Nudeln, Obst oder auch Süßigkeiten bezogen wird. Je komplexer die Zucker- bzw. Kohlenhydratmoleküle eines Lebensmittels sind (etwa bei Vollkornprodukten), desto langsamer werden sie vom Körper aufgespalten und desto länger hat der Körper etwas davon. Der in Süßigkeiten verwendete Industriezucker hingegen besteht aus sogenannten leeren Kohlenhydraten, das heißt, diese enthalten so gut wie keine Vitamine und Mineralstoffe, werden sofort verdaut und gehen schnell ins Blut. Daher treiben Gummibärchen, Schokoriegel und Co. unseren Blutzuckerspiegel besonders rasch in die Höhe und lassen ihn gleichzeitig schnell wieder abfallen. Die Folge: Nach einem kurzen Energiekick braucht der Körper schon bald wieder Glukosenachschub. So entsteht der Heißhunger auf Süßes.

Wann wir wie viele Kohlenhydrate benötigen, ist also immer eine Gratwanderung. Manche Menschen sind richtige Zucker-Balance-Künstler. Sie können vermeintlich alles essen und auch endlos naschen, ohne dabei zuzunehmen oder Probleme zu bekommen. Ihr Körper kann den Zucker bestens verarbeiten. Wie machen sie das bloß? Dies ist vor allem eine Frage der verzehrten Menge, der Zeit, die man sich zum Essen nimmt, und natürlich auch der individuellen Verdauung. Doch warum schaffen es viele Menschen nicht, ihren tatsächlichen Energiebedarf richtig einzuschätzen? Warum essen wir immer mehr Industriezucker mit der Folge, dass es uns schlecht geht oder wir sogar krank werden?

Einer der Gründe ist sicher, dass für uns heute, im Zeitalter des Überflusses, jede Art von Nahrung ständig verfügbar ist. Süße Lebensmittel, die unseren steinzeitlichen Vorfahren einst als schnelle Energielieferanten in Form von Beeren und Früchten das Überleben sicherten, gibt es im Überfluss – meist mit ziemlich hohem Zuckergehalt. Und wir essen davon viel zu viel und zur falschen Zeit. Zucker ist überall! Wir wissen mittlerweile, dass er verschiedene Namen trägt (Saccharose, Dextrose, Fruktose, Melasse usw.) und sich auf Lebensmitteletiketten gerne als Kohlenhydrat tarnt. Unser Körper ist regelrecht süchtig danach. Warum auch nicht, Kohlenhydrate sind schließlich die Energielieferanten schlechthin. Aber wenn wir sie vor allem in Form von (Industrie-)Zucker zu uns nehmen, findet ein regelrechtes Feuerwerk mit unserem Blutzuckerspiegel statt – mit fatalen Folgen. Die Verarbeitung zuckerhaltiger Lebensmittel in der von uns konsumierten Masse stellt für unseren Körper auf Dauer ein Krankheitsrisiko dar. Die Auswirkungen sind uns mittlerweile bekannt: Karies, Übergewicht, Bluthochdruck, Herz-Kreislauf-Probleme, Diabetes, Osteoporose und Infektionskrankheiten. Leider erkennen das die meisten Menschen erst, wenn es fast zu spät ist. Warum also warten, bis der Arzt kommt?

In Zucker steckt Suchtpotential

Der Heißhunger auf Süßes wird in der Regel nicht als typische Abhängigkeit oder Sucht in medizinischem Sinn bezeichnet, doch verweisen immer mehr wissenschaftliche Studien auf den starken

Zusammenhang von Zuckerkonsum und Suchtverhalten. Ein solches Verhalten besteht immer dann, wenn wir meinen, auf etwas nicht verzichten zu können, und von dem Genussmittel bzw. einer Tätigkeit psychisch und/oder physisch abhängig sind, seien es Alkohol, Nikotin, Internetspiele oder Shoppen. Der Übergang von regelmäßigem, alltäglichem Konsum zur Sucht ist oft fließend. Sobald wir jedoch merken, dass wir bereits ein entsprechendes Zwangsverhalten an den Tag legen, das heißt, immer mehr konsumieren müssen, nicht mehr aufhören können und bei Konsumverzicht unter Entzugserscheinungen, Kontrollverlust und Antriebslosigkeit leiden, sollten die Alarmglocken läuten. Nun ist Zucker zwar keine gefährliche Droge, aber übermäßiger Konsum von Süßem kann zu suchtähnlichem Verhalten führen und, wie wir wissen, auf Dauer schädlich für unsere Gesundheit sein.

Was aber passiert in unserem Gehirn, wenn wir Zucker konsumieren? Dann schüttet unser körpereigenes Belohnungssystem jedes Mal das Glückshormon Dopamin aus, das ein Gefühl von Zufriedenheit und Euphorie in uns hervorruft. Mit der Zeit jedoch gewöhnt sich der Körper an diesen Zustand. Bleibt die schnelle

Energiezufuhr durch Süßes dann einmal aus, verschlechtert sich unsere Stimmungslage. Wir sind gereizt und haben schlechte Laune. Unser Belohnungssystem gerät in eine Schieflage, was sich negativ auf unsere Motivation und unsere Impulskontrolle auswirken kann. Das heißt, unser Verlangen wird stärker als unsere Willenskraft: Wir können Süßem nicht mehr widerstehen. Ob Sie selbst zur Zuckersucht neigen, können Sie in einem kurzen Selbsttest im Anhang dieses Buches erfahren.

Wie können wir es schaffen, auf Industriezucker zu verzichten? Süße Lebensmittel liefern nun einmal schnell verfügbaren Treibstoff für unseren Körper, den wir vor allem brauchen, wenn wir viel geistig arbeiten und Sport treiben. Doch anstatt auf gesunde kohlenhydratreiche Lebensmittel zurückzugreifen, nehmen wir oft den falschen Zucker, nämlich Industriezucker zu uns, und davon meistens in zu hohen Mengen. Wir müssen neue Wege finden, nicht nur unsere Ernährungs-, sondern auch einige unserer Lebensgewohnheiten ändern, um in Zukunft nicht mehr in die Süßigkeiten-Falle zu tappen.

Die gute Nachricht ist: Sie halten bereits einen Wegweiser in Ihren Händen! In diesem Ratgeber finden Sie 50 gute Tipps, die Ihnen helfen, Ihren Heißhunger auf Süßes mit einfachen Methoden einzudämmen und zu kontrollieren. Alles, was Sie sonst noch brauchen, ist Neugier, Spaß bei der Sache und ein wenig Geduld mit sich und Ihrem Körper.

Das Buch ist in drei Kategorien eingeteilt: In der ersten Gruppe ist das Augenmerk auf uns selbst gerichtet. Hier werden innere und äußere Ursachen für unseren Süßhunger thematisiert und Sie erfahren, wie Sie Ihren zuckerfreien Alltag individuell gestalten können. In der zweiten Gruppe lenken wir den Blick auf unser Umfeld: Wie beeinflussen uns soziale Normen, gesellschaftlicher Konsens oder unsere Erziehung in Bezug auf unsere Zuckersucht? Die hier aufgeführten Tipps helfen Ihnen, sich von alten Verhaltensmustern zu lösen und auch Ihr Umfeld an den positiven Seiten Ihrer Ernährungsumstellung teilhaben zu lassen. Wir brauchen neue, interessante und inspirierende Wege, um die Zuckersucht dauerhaft zu bezwingen! Diese werden in der letzten Gruppe vorgestellt.

Sämtliche Tipps und Tricks lassen sich gut in den Alltag integrieren und leicht umsetzen. Sie werden sehen, der Verzicht auf (Industrie-)Zucker ist gar nicht so schwer – und die Belohnung lässt nicht auf sich warten: Sie werden sich schon nach kurzer Zeit viel fitter, gesünder und zufriedener fühlen.

Fangen Sie am besten heute noch damit an!

Ich wünsche Ihnen viel Spaß und Erfolg bei der Umsetzung,

Ihre Regina Tödter

Einfach loslegen

Sie wollen endlich Ihren Heißhunger auf Süßes loswerden? Freuen Sie sich – mit Ihrem Vorsatz haben Sie den wichtigsten Schritt schon getan.

Manche Dinge lassen sich spontan und aus dem Bauch heraus leichter umsetzen, als wenn sie von langer Hand geplant werden. Die Formel ist simpel: Learning by doing, einfach loslegen und ausprobieren. So ist auch dieser Ratgeber angelegt. Lassen Sie Ihrem Vorsatz Taten folgen. Mit den ersten Erfolgserlebnissen werden Sie eine regelrechte Kettenreaktion auslösen und zunehmend Spaß an der Sache finden! Beginnen Sie also noch heute, Ihr Leben zu bereichern, indem Sie die Zuckersucht mit einfachen Strategien bezwingen. Trotz schneller Erfolge sollten Sie anfangs nicht zu ungeduldig sein. Nachhaltige Veränderungen von Gewohnheiten brauchen Zeit. Betrachten Sie jede Aufgabe als Herausforderung und jeden anfänglichen Misserfolg, den es vielleicht geben wird, als Chance. In diesem Abschnitt lernen Sie vor allem genau hinzuschauen: von der Zutatenliste über das Supermarktregal bis zum Kühlschrankfach. Aber auch Ihre anderen Sinne, Ihr Bewusstsein und Ihre körperliche Fitness werden aktiv gefordert! Mit Witz und Würze verbannen Sie schließlich die lästigen Zucker-sucht-Attacken aus Ihrem Alltag. Also, worauf warten Sie noch? Just do it!

1 Misten Sie aus

Nichts fühlt sich besser an als ein erstes Erfolgserlebnis. Dieses hier können Sie ganz schnell und sofort haben: Schauen Sie in Ihren Kühlschrank und spielen Sie Detektiv. Verbannen Sie alle zuckerhaltigen Lebensmittel aus der Küche und machen Sie der örtlichen Tafel damit eine Freude. Fangen Sie heute noch damit an, Ihre Gesundheit wird's Ihnen danken! Fällt es Ihnen schwer, Lebensmittel einfach wegzugeben? Tun Sie es dieses eine Mal in dem Bewusstsein, dass Sie damit den Kampf gegen Ihre Zuckersucht ernsthaft aufnehmen. Ein Nichtraucher auf Entzug wird auch keine Zigaretten mehr in seinen Schubladen bunkern, sonst ist die Versuchung zu groß. Tun Sie sich diese Qual nicht an. Achten Sie besonders auf versteckten Zucker, etwa in Wurst, Ketchup oder Soßen. Auch in Tiefkühlpizza, Fertigsalaten, Dosengemüse, Säften, Sojamilch, Cornflakes, Müsli, Weißbrot und Früchtejoghurt werden Sie fündig. Vergessen Sie beim Ausmisten auch nicht Ihre Vorratskammer, Büroschubladen und Geheimverstecke. Wenn Sie diese überschüssigen Lebensmittel verschenken und sie in Zukunft auch nicht mehr auf Ihrem Einkaufszettel stehen, haben Sie Ihr erstes Ziel schon erreicht: gesünder einkaufen und damit gesünder leben. Wiederholen Sie diese Aktion immer wieder und machen Sie ein Ritual daraus. Sie werden erstaunt sein, wie hartnäckig sich versteckter Zucker immer wieder in Ihren Haushalt einschleicht.

Extratipp

Foodsharing-Möglichkeiten in Ihrer Nähe finden Sie unter:
https://www.tafel.de/
https://foodsharing.de/
https://www.toogoodtogo.com/de
https://www.zugutfuerdietonne.de/
https://sirplus.de/

2 Bewusst einkaufen und kochen

Was werden Sie jetzt essen? Es kann sein, dass Ihr Kühlschrank und Ihre Küchenregale plötzlich ganz leer sind. Verhungern werden Sie jetzt nicht! Jetzt ist es an der Zeit, eine Liste mit empfehlenswerten Lebensmitteln zu erstellen und sich bewusst daran zu halten. Was können Sie jetzt mit gutem Gewissen essen? Dabei gilt die einfache Formel: Je natürlicher die Lebensmittel, desto besser für die Gesundheit. Am Anfang werden Sie wahrscheinlich ziemlich orientierungslos durch den Supermarkt laufen. Gemüse, Vollkornprodukte, Obst, Kräuter, Fleisch, Öle und Nüsse sind jetzt richtig und wichtig. Seien Sie jedoch vorsichtig beim Kauf von süßen Früchten, Säften und Trockenfrüchten. Diese Lebensmittel enthalten bekanntlich viel Fruchtzucker und sollten daher nur in Maßen verzehrt werden, auch wenn sie wegen ihres hohen Gehalts an wichtigen Vitaminen, Mineralstoffen und Spurenelementen auf den Speiseplan gehören. Auch beim Fleisch sollte man genau hinschauen. Kaufen Sie nur frische, unbehandelte Ware (möglichst in Bio-Qualität) und verzichten Sie auf marinierte, eingelegte Produkte und Fertigware. Schon nach kurzer Zeit werden Sie automatisch zu den entsprechenden Regalen gehen und nach den richtigen Produkten greifen. Dann zwinkert Ihnen keine Nougatcreme mehr verführerisch von der Seite zu. Und wie wäre es, wenn Sie in Zukunft seltener auswärts essen gehen und stattdessen öfter selbst kochen?

Vielleicht müssen Sie auch bald Ihren Kleiderschrank ausmisten. Denn mit der Ernährungsumstellung verlieren Sie automatisch auch ein paar überflüssige Pfunde: Freuen Sie sich schon jetzt auf Ihre neue Wohlfühlgröße und den nächsten Einkaufsbummel!

Extratipp

Auf den nächsten Einkaufszettel gehören: 3 Sorten Gemüse, 2 Sorten Obst, (Süß-)Kartoffeln, Naturreis, 1 Knolle Ingwer, frische Kräuter und Gewürze, Nüsse, Mandeln, Leinsamenschrot, Haferflocken, Kakao (100%), Biomilch (noch besser Haselnuss- oder Mandelmilch), Eier, Leinöl, 1 Stück (Bio-)Fleisch oder Fisch, Pilze, Buchweizen, Vollkornbrot, Hülsenfrüchte, evtl. Sojaprodukte, Hartkäse, Naturjoghurt, Kräuter- und Grüntee.

3 Süße Alternativen: Was darf's sein?

Alternativen zu Zucker können natürliche Süßungsmittel wie Ahornsirup, (Wildblüten-)Honig, Kokosblütenzucker oder Agavendicksaft sein. Sie enthalten viele

Mineralstoffe, sind aber echte Dickmacher und schaden leider auch den Zähnen. Zuckeraustauschstoffe wie Isomat, Maltit, Lactit, Erythrit oder Xylit sind chemischer Natur und haben bei übermäßigem Verzehr oft unangenehme Nebenwirkungen wie Blähungen und Durchfall. Zum Backen von Kuchen und Keksen eignen sie sich jedoch hervorragend. Xylit zum Beispiel hat nicht nur 40 Prozent weniger Kalorien als herkömmlicher Industriezucker, sondern wirkt auch vorbeugend gegen Karies und hat nur einen geringen Einfluss auf den Blutzuckerspiegel. Xylitol wird aus Birkenrinde gewonnen. Auch Stevia, ein Süßungsmittel aus der Steviapflanze, kann für Süßspeisen oder zum Backen verwendet werden. Das Süßungsmittel hat zwar manchmal einen gewöhnungsbedürftigen, leicht bitteren Nachgeschmack, enthält aber keine Kalorien und verursacht keine Karies.

Dennoch ist bei vielen Stevia-Produkten Vorsicht geboten: Schokoladentafeln, Bonbons, Marmeladen und Sirup enthalten neben Stevia oft auch Zucker. Eine weitere gesunde Alternative sind Trockenfrüchte oder frisches Obst, die sich auch gut für die Zubereitung von süßen Speisen eignen.

Extratipp

- Süße Alternative zum Frühstück: Naturjoghurt; selbstgemachter Milchreis mit Zimt, Kakao und Vanille; Beeren oder geschnittenes Obst (Apfel, Kiwi oder Birne)
- Snack bei Stress: Nüsse, Bananen, Avocado, Radieschen, Kirschtomaten oder Cashew-Cranberry-Mix
- Dessert nach einem ausgiebigen Mittagessen: zuckerfreier Kakaoshake, Käsesticks oder Sojadrink
- Kaffee am Nachmittag: eine Handvoll Trockenfrüchte
- Snack vor dem Fernseher: geschnittenes Gemüse
- Im Kino: Weintrauben oder eine Tafel Schokolade mit 99 Prozent Kakaoanteil
- Auf der nächsten Party: selbstgebackener Honigkuchen oder Xylit-Kekse
- Auf Partys: Exotische Früchte wie Papaya, Ananas, Mango, Lychee oder Physalis
- Mitbringel zur Arbeit: Obstkorb, Nussbrot oder Kräuter-Power-Brot

Dank ihrer Ballaststoffe ist man schnell satt und isst nicht zu viel davon. Schneiden Sie zum Beispiel getrocknete Datteln in kleine Stücke und mischen Sie sie mit Naturjoghurt. Auch geschnittene Bananen oder eine

Handvoll frische Himbeeren mit Vanille oder Kakao eignen sich hervorragend als süßes Dessert und können gefroren sogar als Eisersatz dienen. Was ist Ihr süßer Favorit? Kleiner Geheimtipp: Wer seinen Kaffee gerne gesüßt trinkt, sollte das nächste Mal laktosefreie Milch probieren. Sie ist durch eine spezielle Behandlung süßer als normale Milch und ersetzt so wunderbar den Löffel Zucker.

4 Entziffern Sie die Zutatenliste

Schauen Sie bei jedem Produkt, das Sie kaufen, auf die Zutatenliste. Was steht da und was ist wirklich drin? Denn die Aufschrift »zuckerfrei« garantiert nicht, dass das Produkt tatsächlich keinen Zucker enthält. Meist ist ein solcher Hinweis auf der Verpackung schon verdächtig. Zucker versteckt sich hinter Bezeichnungen wie Saccharose, Fructose, Glukosesirup, Mannose, Maltose, Dextrose, Lactose, Maisstärke, Maltodextrin und vielen mehr. Warum aber hat Zucker so viele verschiedene Namen? Ganz einfach: An erster Stelle steht immer die Zutat, die mengenmäßig am meisten im Produkt enthalten ist. Bei vielen Fertigprodukten und

Süßwaren müsste Zucker daher oft ganz oben auf der Liste stehen, was den Verbraucher vom Kauf abschrecken könnte. Kreative Lebensmittelhersteller greifen deshalb gerne in die Trickkiste: Sie listen den Zucker unter verschiedenen Namen auf. So sticht er nicht sofort ins Auge. Inzwischen gibt es die Lebensmittelampel (Nutri-Score), die dem Verbraucher helfen soll, die Vollwertigkeit eines Produktes besser einzuschätzen. Die Betonung liegt auf "vermeintlich", denn der Score berücksichtigt weder wertgebende Inhaltsstoffe wie Vitamine, Mineralstoffe oder ungesättigte Fettsäuren noch Zusatzstoffe wie Geschmacksverstärker, Süßstoffe oder Aromen. Kritisch ist, dass hier eher der Fettgehalt als Maßstab genommen und Zucker eher nachsichtig behandelt wird. Dabei ist nicht das Fett das Problem, wie wir heute wissen. Wenn wir die richtigen, d.h. gesunden Fette wie pflanzliche Öle aus Leinsamen, Nüssen, Sesam, Avocado oder Fisch wählen und sie sparsam verwenden, ist das gesünder als fettfreie, aber zuckerhaltige Lebensmittel, die uns der Nutroscore fälschlicherweise vorgaukelt. Beim Einkauf sollte man daher möglichst Lebensmittel mit kurzer oder noch besser ohne Zutatenliste wählen.

5 Wer knuspert an meinem Häuschen?

Jeder kennt das Märchen von Hänsel und Gretel, die sich im Wald verirren und vom Knusperhäuschen der bösen Hexe angelockt werden. In unserer Alltagswelt steht dieses Knusperhäuschen leider nicht versteckt im tiefen, tiefen Wald, sondern an jeder Straßenecke. Es führt kein Weg daran vorbei und die Versuchung, daran zu knabbern, ist groß. Hier ein Keks, dort ein Stück Kuchen, immer etwas Süßes zwischendurch. Deshalb brauchen wir einen Plan: Wir müssen nicht so weit gehen, die Hexe irgendwie loszuwerden, sondern lernen, von vornherein einen großen Bogen um das Häuschen zu machen. Wenn wir wissen, dass uns morgens der Bäcker mit seinen frischen Schokocroissants jedes Mal in den Wahnsinn treibt, meiden wir diesen Weg und probieren eine andere Route. Den Latte Macchiato bekommen wir schließlich auch woanders. Meiden Sie bewusst Orte und Plätze, die Sie schwach werden lassen: den Bäcker, den Kiosk oder die Eisdiele. Biegen Sie im Supermarkt gar nicht erst in die Süßigkeitenabteilung ein und richten Sie an der Kasse Ihren Blick bewusst auf andere Dinge, zum

Beispiel auf die Produktauswahl der Menschen vor oder hinter Ihnen. Freuen Sie sich, dass Sie auf viele dieser Artikel verzichten können oder lassen Sie sich von anderen, gesunden Varianten inspirieren. So schaffen Sie sich neue Gewohnheiten und nehmen das Knusperhäuschen irgendwann gar nicht mehr wahr.

6 Nicht immer der Nase nach

Sie denken ständig an Süßes? Klar - weil Ihre Nase andauernd daran erinnert wird! Es geht bereits morgens unter der Dusche los, wenn Sie noch gar nicht richtig wach sind: Beim Einschäumen der Haare mit Shampoo steigt Ihnen vielleicht der angenehme Duft süßer Erdbeeren in die Nase. Die Handseife duftet nach süßen Äpfeln, die Lippenpflege schmeckt nach Kirschen und das Deodorant riecht nach zarter Vanille. Kein Wunder also, wenn Sie zum frisch gemahlenen Frühstückskaffee das sehnliche Verlangen nach einem Stück Süßgebäck verspüren. Aber auch außerhalb der Wohnung werden Sie ständig mit Duftstoffen angelockt. Einkaufsläden bedienen sich längst bestimmter Geruchsstimuli, um unsere Emotionen zu beeinflussen. Überall begegnet uns eine Vielzahl wohlriechender Düfte. Wir werden unbewusst zum Kauf von Produkten animiert, weil die uns umgebenden Düfte harmonisierend und verführerisch auf uns wirken und wir sie mit ihnen angenehme Gefühle und Erlebnisse assoziieren. Kein Wunder also, dass wir immer wieder Lust auf Süßes verspüren. Schon kleine Veränderungen können hier Abhilfe schaffen: Reduzieren Sie den Geruchsreiz, indem Sie bewusst zu parfümfreien Produkten greifen. Und gehen Sie nie hungrig ins Geschäft.

7 Das Schöne erkennen

Franz Kafka hat einmal gesagt: »Wer sich die Fähigkeit bewahrt, das Schöne zu erkennen, wird nie alt«. Erkennen Sie das Schöne an sich und Ihrer Umgebung: Oft hilft ein Bild aus früheren Tagen, auf dem Sie sich sichtlich wohl, schön und schlank fühlen. Da wollen Sie wieder hin!

Es muss nicht unbedingt ein Foto von Ihnen selbst sein, manchmal entdeckt man beim Durchblättern seiner Lieblingszeitschrift tolle Motive und Illustrationen. Dabei spielt es keine Rolle, was darauf abgebildet ist. Hauptsache, es ist etwas, das Ihnen besonders gut gefällt und in Ihnen ein brennendes Verlangen weckt: eine atemberaubende Naturlandschaft (in der Sie sich zum Beispiel selbst beim Joggen sehen), ein tolles Outfit (natürlich präsentiert von einem Model mit toller Figur) oder eine Person, die Sie für etwas ganz Bestimmtes bewundern. Bei solchen Bildern werden Sie sicher einige Sekunden verweilen und ein leichtes Fernweh verspüren. Schneiden Sie das Foto aus und hängen Sie es gut sichtbar über Ihren Schreibtisch, wenn Sie möchten sogar gerahmt. So erinnern Sie sich jeden Tag an diesen perfekten Ort, an Ihre tolle Figur oder an diese bewundernswerte Persönlichkeit. Die ideale Motivation für Sie, selbst etwas zu tun, um Ihrem Ideal näher zu kommen.

Von nun an werden Sie sich zweimal überlegen, ob Sie noch einmal zum Kühlschrank gehen und sich von Ihrer Zuckersucht beherrschen lassen. Sie werden von sich aus schönere Orte in Ihrer Umgebung aufsuchen und besser auf sich achten. Und damit das Bild nicht irgendwann im Alltag untergeht, tauschen Sie es von Zeit zu Zeit gegen andere schöne Bilder aus.

8 Vorsicht, Alkoholfalle!

Alkohol benebelt nicht nur die Sinne, sondern macht auch schnell hungrig. Nur zu schnell greift man bei einem Glas Wein zu einem ungesunden Snack und denkt nicht mehr daran, was man jetzt Gesundes essen könnte. Gerne greift man zur nächsten Tüte Gummibärchen oder zur Schale Chips.

Wer unterwegs ist und plötzlich einen kleinen Heißhunger verspürt, geht wahrscheinlich zur nächsten Imbissbude, Tankstelle oder zum Kiosk. Dort greifen Sie zum Burger, Döner oder Schokoriegel, ohne groß darüber nachzudenken. Ihre guten Vorsätze sind vielleicht schon vergessen, Sie wollen an diesem Abend einfach nur Spaß haben und nicht Kohlenhydrat- und Kalorientabellen berechnen! Wenn Sie also ausgehen und wissen, dass Sie Alkohol trinken werden: Essen Sie sich vorher satt, packen Sie sich einen kleinen gesunden Snack ein und denken Sie daran, immer genug Wasser zu trinken. Sollte es Sie doch einmal nach einem fröhlichen Abend mit Freunden zu einer Imbissbude führen, dann genießen Sie den schönen Abend - mit dem Wissen, dass es sich hierbei um eine Ausnahme handelt.

9 Laufen Sie der Zuckersucht davon

Machen Sie es wie unsere Vorfahren: Bewegen Sie sich! Bringen Sie sich und Ihr Umfeld in Bewegung. Wann immer und so oft es geht: auf dem Weg zur Arbeit, zum Einkaufen oder in der Freizeit. Gehen, Laufen, Schwimmen, Radfahren - egal welche Sportart, seien Sie aktiv! Wenn Sie es schaffen, mindestens drei Stunden pro Woche aktiv Sport zu treiben, sind Sie auf dem besten Weg, Ihre Zuckersucht hinter sich zu lassen. Nehmen Sie jede Treppe, trainieren Sie Ihre Muskeln und arbeiten Sie an Ihrer Beweglichkeit. Sport kurbelt die Verbrennung an und schafft ein natürliches Gleichgewicht zwischen Energieverbrauch und -zufuhr. So werden auch Sie bald zu den beneidenswerten Menschen gehören, die nach Herzenslust essen können, ohne dabei zuzunehmen. Durch regelmäßige Bewegung regulieren Sie Ihre Sucht nach Süßem und werden bald automatisch gesündere Lebensmittel bevorzugen. Der Nebeneffekt ist wunderbar: Sie formen und straffen Ihren Körper und bauen schöne Muskeln auf - die wiederum die ungeliebten Fettpölsterchen ersetzen und zusätzlich überschüssige Kalorien verbrennen. Gleichzeitig entwickeln Sie ein besseres

Körperbewusstsein und kommen Ihrem gesunden Idealgewicht immer näher - kurz: Sie fühlen sich rundum wohl! Dann macht es auch nichts, wenn Sie zwischendurch mal einen Schokoriegel essen.

Kleiner Motivationstipp: Melden Sie sich noch heute zu einem Stadtlauf Ihrer Wahl an. Fünf Kilometer sind auch für Untrainierte machbar (notfalls eine Runde walken) und Sie haben einen Grund, gleich mit dem Training zu beginnen.

10 Leben Sie achtsam

Hinterfragen Sie im Zuge Ihrer Ernährungs-umstellung auch Ihre sonstigen Gewohnheiten. Was, warum und wie oft konsumieren Sie? Gehen Sie gerne bummeln, obwohl der Kleiderschrank proppenvoll ist? Suchen Sie oft nach Ablenkung durch Medien, Konsumgüter und Events? Misten Sie also nicht nur Ihren Kühlschrank aus, sondern nehmen Sie sich bei der Gelegenheit auch Ihren Kleiderschrank, Ihren Terminkalender oder gleich Ihre Wohnung vor. Achten Sie bewusst auf Ihr Konsumverhalten und hinterfragen Sie es kritisch. Denken Sie beim Shoppen auch einmal darüber nach, ob Sie das Objekt Ihrer Begierde wirklich brauchen - oder was der eigentliche Grund für den Kauf ist. Gehen Sie der möglichen Ursache auf den Grund. Ist es vielleicht Unzufriedenheit mit Ihrer aktuellen Lebenssituation? Ein Streit mit dem Partner oder der Freundin? Oder einfach nur Langeweile?

Üben Sie sich in Achtsamkeit mit der »Headline-Methode«: Sie werfen in Gedanken einen Scheinwerfer auf eine bestimmte Tätigkeit in Ihrem Alltag, der Sie sich voll und ganz widmen. Konzentrieren Sie sich nur darauf, seien Sie im Hier und Jetzt und genießen Sie den Moment.

Wenn Sie das nächste Mal Lust auf etwas Süßes verspüren, der Sie nur schwer widerstehen können, schenken Sie dem Stück Kuchen Ihre ganze Aufmerksamkeit. Verschlingen Sie es nicht, sondern nehmen Sie sich Zeit zum Genießen. Tun Sie nichts anderes nebenher, ignorieren Sie das Telefon und schalten Sie den Fernseher aus. Wenn Sie von nun an bewusst im Hier und Jetzt leben, werden zukünftige Gelüste auf Süßes immer seltener.

11 Atmen Sie sich schlank

Yoga eignet sich ebenfalls als hilfreiche Methode gegen Süßhunger. Wie wir wissen, spielt bei den körperzentrierten Übungen des Yoga der Atem eine wesentliche Rolle. Pranayama bedeutet die Beherrschung (Yama) der Lebensenergie (Prana) durch die Atmung. Beim tiefen Ein- und Ausatmen wird der Stoffwechsel angeregt und die Zellen werden mit Sauerstoff angereichert. Die Atmung hat auch einen großen Einfluss auf die Durchblutung, die Immunabwehr und die Verdauung. Bei Stress und Hektik geraten wir regelrecht außer Atem. Meist atmen wir viel zu schnell und flach. Dadurch gelangt der Sauerstoff nicht vollständig zu den tiefer gelegenen inneren Organen im Bauchraum, was aber wichtig ist, um Entspannung und innere Ruhe zu erlangen. Die ganzheitliche Wirkung des Atems wird von uns oft gar nicht wahrgenommen. Die Atmung ist für uns eine Selbstverständlichkeit - und doch können wir ohne sie nicht einmal für kurze Zeit überleben. Bei Süßhunger-Attacken genügt oft schon ein tiefes Durchatmen, um die Energie freizusetzen, die für Verdauung und Wohlbefinden verantwortlich ist. Mit der bewussten und richtigen Atemtechnik verfliegt die Lust auf Süßes bereits in Sekundenschnelle und wir können uns buchstäblich schlank atmen. Konzentrieren Sie sich in der nächsten Stresssituation einfach auf Ihren Atem, statt zur Tüte Gummibärchen zu greifen. Ein kleiner Notizzettel am PC-Bildschirm mit der Aufschrift "Einatmen, Ausatmen!" kann beispielsweise schon hilfreich sein. Legen Sie Ihre flache Hand auf die Bauchdecke und achten Sie darauf, dass der Atem bis hierher in den Unterbauch gelangt. Melden Sie sich zu einem Yogakurs an und lernen Sie spezielle Atemtechniken, Körperhaltungen und Achtsamkeitsübungen. Sportstudios, Sportvereine und auch Volkshochschulen bieten meist gute Einstiegsprogramme an. Sie werden sehen: Schon nach kurzer Zeit fühlen Sie sich nicht nur rundum besser und entspannter, auch die Sucht nach Süßem wird nachlassen!

12 Lachen ist die beste Medizin

Lachen ist gesund: Wir betätigen dabei bis zu 80 verschiedene Muskeln. Es stärkt unser Herz, unser Immunsystem, senkt den Blutdruck und regt unsere Verdauung an. Zahlreiche Glückshormone werden dabei ausgeschüttet, die eine regelrecht euphorisie-rende Wirkung auf Körper, Geist und Seele haben. Mit gesundem Optimismus, Witz und Gelassenheit lachen Sie auch Ihre Zuckersucht weg. Je mehr Freude und positive Gedanken Sie erfüllen, desto stärker wird sich diese Einstellung in Ihrer Persönlichkeit verfestigen, was sich in bestimmten Hirnregionen sogar neurowissenschaftlich nachweisen lässt. Deshalb gibt es bereits Lachyoga-Kurse, Lachtherapien und Tausende von Lachclubs in über 60 Ländern. Ein Tag ohne Lachen ist ein verlorener Tag, sagte einst Charlie Chaplin. Natürlich: Niemand kann immer gut gelaunt sein. Und auch Lachen will gelernt sein. Versuchen Sie einfach, negative Denkmuster, Perfektionismus, ungesunde Selbstabwertung und übereifrige Geltungssucht beiseite zu schieben und sich stattdessen den schönen Dingen des Lebens zuzuwenden. Sie haben es in der Hand, wie Ihr Tag wird: Lesen Sie ein lustiges Buch, sehen Sie sich Komödien im Fernsehen an, gehen Sie ins Kabarett, schreiben Sie lustige Geschichten aus Ihrem Alltag in Ihr Notizbuch, beobachten Sie Kinder beim Spielen oder lassen Sie sich von Ihrem Partner oder Ihrer Partnerin kitzeln. Nehmen Sie Ihr Leben nicht immer so ernst und lächeln Sie so oft es geht - auch in Situationen, in denen es vielleicht unpassend erscheint (im Straßenverkehr, beim Joggen oder in anstrengenden Besprechungen). Denn Sie wissen ja: Humor ist, wenn man trotzdem lacht!

13 Heilkräuter als Wunderelixier

Schon Hildegard von Bingen schwor auf die umfassende Heilkraft von Kräutern, Wurzeln und Blättern. Heute können wir auf diese altbewährten mittelalterlichen Klosterrezepte zurückgreifen und die Wirkung spezieller Kräutermischungen nutzen. Da ist zum Beispiel der Bitterstern mit seinen 18 verschiedenen Heilkräutern: Der alkoholische Auszug aus den Bitterstoffpflanzen regt nicht nur den Stoffwechsel an, sondern dämpft auch den Heißhunger auf Süßes enorm. Vorsicht ist allerdings bei übermäßigem Genuss geboten, denn der Bitterstern hat einen sehr hohen Alkoholgehalt (bis zu 59 Prozent). Er sollte mit Wasser verdünnt kurz vor dem Essen getrunken werden. Eine Alternative ist die Wunderpflanze Süßholz. Die trockenen, goldbraunen Blätter sehen, wie der Name schon sagt, ein wenig wie Baumrinde aus und schmecken süß-würzig. Aus Süßholz wird unter anderem Lakritze gewonnen, es wird aber auch gerne bei Heiserkeit, Husten oder Magenbeschwerden eingesetzt.

Beim nächsten Süßhunger einfach ein paar Stangen Süßholz mit heißem Wasser überbrühen und als Tee trinken oder die gerollten Blätter kauen (nicht schlucken), bis die Lust auf Süßes von selbst vergeht. Heilkräuter und Süßholz erhalten Sie rezeptfrei in jeder Apotheke.

14 Spice up your life!

Mit Zimt verbinden wir oft weihnachtliches Gebäck wie Zimtsterne, Bratapfelkuchen und Zimtschnecken oder auch Glühwein. Die orientalische Küche verwendet das wohl älteste Gewürz der Welt für pikante Gerichte wie Hähnchenkeulen, Kartoffelgerichte oder Spinateintopf. Auch im Curry ist Zimt ein wichtiger Bestandteil.

Doch das Gewürz kann noch viel mehr. In der traditionellen chinesischen Medizin gilt Zimt als Allheilmittel, etwa gegen Bluthochdruck, Blasenentzündung, Schmerzen oder Entzündungen. Und Hildegard von Bingen backte mit dem Gewürz die berühmten Nervenkekse (aus Dinkelmehl, Mandeln,

Zimt, Muskat und Nelken). Zimt ist ein echter Zuckersucht-Killer und damit auch ein Fatburner! Das Gewürz reguliert den Blutzuckerspiegel, wärmt von innen und hilft bei Konzentrationsschwäche. Verleihen Sie Ihrem Leben auch außerhalb der Weihnachtszeit diese besondere Würze: Probieren Sie Zimt auch mal im ungesüßten Obstsalat, im Cappuccino, im Kakao oder einfach in der Milch. Auch frisch gepresster Fruchtsaft, Grießbrei, Müsli oder zuckerfreier Milchreis erhalten ebenfalls durch das Gewürz eine ganz besondere Note. Besonders gut schmeckt Zimt im Tee: Gießen Sie dafür etwa drei Scheiben Ingwer, Kardamom, Honig, etwas Milch und eine Prise Zimtpulver (oder eine halbe Zimtstange) mit heißem Wasser auf. Wunderbar!

15 Trainieren Sie Ihre Abwehrkräfte

Ähnlich positiv wirkt sich ein gesunder Lebenswandel auf Ihr Immunsystem aus. Durch die Kombination aus gesunder, zuckerfreier Ernährung, Bewegung und Erholung (das heißt ausreichend Schlaf und die Vermeidung von zu viel Stress) wird es Ihnen Ihr Körper danken, indem er nicht gleich auf die nächste Grippewelle anspringt. Zucker als »leeres Kohlenhydrat«

liefert zwar Energie, enthält aber keine Nähr- oder Vitalstoffe. Mit dem Konsum von Zucker wird die Darmflora durcheinandergebracht, der Blutzuckerspiegel schießt in die Höhe und das Immunsystem wird geschwächt. Wählen Sie stattdessen Lebensmittel, die reich an Vitaminen und Vitalstoffen sind und Ihre Abwehrkräfte stärken, zum Beispiel Brokkoli, Kohl, Karotten, Spinat und Zitronen. Auch Ingwer-, Tragant-, Ginseng- oder Aloe-Vera-Wurzeln können zur Stärkung des Immunsystems beitragen. Werden Sie körperlich aktiv und fahren Sie mit dem Fahrrad statt mit dem Bus. So verringern Sie den Kontakt mit herumschwirrenden Krankheitserregern. Bewegen Sie sich und fahren Sie mit dem Fahrrad statt mit dem Bus. So verringern Sie den Kontakt mit herumfliegenden Krankheitserregern.

Und sollte Sie doch einmal eine Grippe erwischen, erholt sich Ihr Körper dank guter Abwehrkräfte schneller als zuvor. Bitte greifen Sie nicht automatisch zu Schmerz-, Fieber- oder anderen Medikamenten, von denen einige übrigens viel Zucker enthalten. Lassen Sie Ihren geschwächten Körper auf natürliche Weise auf die Grippeviren reagieren, auch wenn die Krankheit dadurch vielleicht zwei bis drei Tage länger dauert als mit pharmazeutischen Mitteln. Ihr Immunsystem wird insgesamt gestärkt daraus hervorgehen.

Und denken Sie immer daran: Wenn Sie bewusst auf Zucker verzichten und gesunde Alternativen bevorzugen, stärken Sie damit auch Ihre Abwehrkräfte!

16 Sucht & Sehnsucht

Sucht und Sehnsucht sind verwandte Begriffe. Auch das Wort Suche hängt eng damit zusammen. Wenn Sie also das nächste Mal Lust auf etwas Süßes haben, fragen Sie sich also ehrlich, wonach Sie wirklich suchen bzw. Sehnsucht haben. Meistens ist die Sucht nach Süßem ein Signal, sich auf die Suche nach der wahren Ursache zu machen. Ist es etwas, was Sie mögen, wonach Sie Sehnsucht verspüren und das Sie vielleicht nicht bekommen können? Sehnsucht entsteht immer dann, wenn etwas fehlt. Sie ist im positiven Sinne ein Teil von uns, denn sie ist die Antriebskraft, die uns so lange anspornen wird, bis wir das gefunden haben, wonach wir uns sehnen. Das kann Geborgenheit, Zufriedenheit, Liebe, Glück, aber auch Erfüllung, Anerkennung oder Orientierung sein. Machen Sie sich auf die Suche und finden Sie heraus, wonach sich Ihr Herz wirklich sehnt. Oft sind klar benennbare Probleme und emotionale Defizite wie Frust mit dem Partner, Einsamkeit, Stress bei der Arbeit oder Überforderung mit Alltagsaufgaben die Ursache für unsere Sehnsucht. Sie lassen sich meist ganz gut durch kleine Veränderungen (Gespräche, mehr private Verabredungen, Delegation von Aufgaben, Reduzierung der Arbeitszeit) gut lösen.

Schwieriger wird es, wenn die Wünsche und Sehnsüchte unerreichbar erscheinen. Setzen Sie deshalb Ihre persönlichen Ziele nicht zu hoch. Schreiben Sie sich Ihre drei größten Wünsche auf und prüfen Sie, ob und wie Sie diese erreichen können. Es muss nicht immer alles perfekt laufen oder das Beste, Teuerste und Größte sein. Während Sie auf der Suche nach der großen Erfüllung sind, verpassen Sie vielleicht die vielen kleinen Glücksmomente, die auf Sie warten, wenn Sie nur offen dafür sind. Sehnsucht ist etwas Gutes, solange sie nicht in Sucht und Abhängigkeit, Zwang oder Gier umschlägt. Versuchen Sie hier die Balance zu halten und ändern Sie andernfalls Ihre Sichtweise, freuen Sie sich über die schönen Momente im Alltag!

17 Hypnose kann helfen

Hypnose gewinnt heute in der Psychotherapie zunehmend an Bedeutung. Hypnose ist kein Hokuspokus, sondern das Erreichen eines tranceähnlichen Zustandes durch Suggestion. Obwohl der Hypnotiseur über eine außergewöhnliche Beobachtungsgabe und Menschenkenntnis verfügt und die Körpersprache meist richtig deuten kann, gelingt es ihm durch seine Hypnosetechnik, den Patienten in einen Trancezustand zu versetzen, der zu einer tiefen Entspannung führt. Das Bewusstsein fällt in einen entspannten Zustand und der Patient wirkt abwesend (meist durch einfache Ablenkungen). Mit dieser Methode ist es möglich, Zugang zum Unbewussten des Menschen zu bekommen, es direkt anzusprechen und in seiner Informationsverarbeitung zu beeinflussen. Zunehmend wird Hypnose in Form von autogenem Training, Hypnotherapie, Positivem Denken oder Meditation eingesetzt, um eine tiefe Entspannung herbeizuführen und damit z. B. psychische Abhängigkeiten wie Suchterkrankungen aufzulösen. Diese Entspannungstechniken können helfen, die Psyche zu stärken, Gedanken zu lenken, um angestrebte Ziele besser zu erreichen. Probieren Sie es aus: Welche der Methoden spricht Sie am meisten an? Mit welcher Technik erreichen Sie eine optimale Tiefenentspannung? Probieren Sie es aus. Sie werden schon nach relativ kurzer Zeit sehen: Wenn Sie jetzt in eine Stresssituation kommen, können Sie viel besser damit umgehen und brauchen gar nicht mehr zum üblichen Nervenzucker zu greifen.

Extratipp

Autogenes Training (AT) ist leicht erlernbar, jederzeit und überall durchführbar und verhilft schnell zu mehr Ruhe und Gelassenheit. Die auf Autosuggestion basierende Entspannungstechnik eignet sich hervorragend, um den Heißhunger auf Süßes zu reduzieren.

Nehmen Sie sich 3 bis 30 Minuten Zeit und suchen Sie sich einen ruhigen Ort, an dem Sie ungestört sitzen oder liegen und die Augen schließen können. Beginnen Sie, indem Sie die Formel »Ruhe, Schwere, Wärme« mehrmals in Gedanken wiederholen und sich dabei auf Ihre Atmung, Ihren Herzschlag und Ihre Gedanken konzentrieren. Achten Sie auf Ihre körperlichen Empfindungen und übertragen Sie die drei positiven Begriffe auf Ihren ganzen Körper. Wie bei jeder Übung sind Wiederholung, Übung und Ausdauer wichtig. Wiederholen Sie die Übung so lange, bis Sie völlig entspannt sind. Autogenes Training führt zu mehr Gelassenheit und zur bewussten Wahrnehmung des eigenen Inneren. Mit Hilfe dieser Entspannungstechnik können Sie die Ursache für den Heißhunger auf Süßes besser erkennen und einfach trainieren.

Lösen Sie sich von alten Mustern

Glückwunsch, den Einstieg haben Sie nun hinter sich! Langsam machen Sie mit Ihrer Ernährungsumstellung das Umfeld auf sich aufmerksam.

Zugegeben, es ist nicht immer leicht, den neu eingeschlagenen Weg im Alltag zu verfolgen. Wo man auch hinschaut, überall lauern süße Fallen. Früher wäre Sie ihnen sicher schnell und ausnahmslos erlegen. Heute kennen Sie die Tricks! Aber Vorsicht: Sie können zwar schon problemlos die Zutatenlisten entziffern, werden aber von Ihren Mitmenschen immer wieder mit neugierigen Fragen zu Ihren neuen Essgewohnheiten gelöchert. Aber das sollte für Sie kein Problem sein: Im folgenden Kapitel lernen Sie, alte Verhaltensmuster abzulegen, zu Ihren Entscheidungen zu stehen und sich nicht von der Meinung anderer beeinflussen zu lassen.

Dummen Sprüchen oder dem verführerischen Kuchenteller auf dem Schreibtisch werden Sie künftig gelassen begegnen. Vielleicht scharen sich bald interessierte Zuckersüchtige um Sie, die an Ihrer neuen Philosophie teilhaben wollen, und Sie werden sogar zum Vorbild.

Der Kampf gegen das ständige Verlangen nach Süßem bedeutet vor allem lebenslanges Lernen. In diesem Abschnitt stelle ich Ihnen wichtige Motivationsquellen vor, die Ihnen helfen können, sich dauerhaft von der Sucht nach Süßem zu befreien: Lassen Sie sich inspirieren von unseren Vorfahren, von der Tierwelt, von Buddha und natürlich von der Liebe.

18 »Du gönnst dir ja gar nichts mehr!«

Dieser Spruch nervt langsam, finden Sie nicht auch? Im Zeitalter der Erlebnis- und Überflussgesellschaft hat er wirklich ausgedient. Der Verzicht auf Süßes soll unser Leben einschränken, den Alltag erschweren und genussfeindlich sein? Welch ein Unsinn! Da hat die Lebensmittelindustrie schon ganze Arbeit geleistet. In Wirklichkeit ist es genau umgekehrt: Ständig Süßes macht schlapp, pummelig, krank und launisch. Wo bleibt da der Genuss? Es geht nicht um Verzicht, sondern um die bewusste Entscheidung für ein besseres, gesünderes und vitaleres Leben. Auch Sprüche wie »Früher hast du das doch auch so gerne gegessen« oder »Du warst doch immer eine Naschkatze, woher kommt denn der Sinneswandel?« Und wenn es so war, haben Sie umso mehr einen Grund, etwas daran zu ändern. Sehen Sie es doch einfach so: Sie dürfen sich verändern, anders denken und neue Erkenntnisse gewinnen! Und lassen Sie andere ruhig an Ihrer Entwicklung teilhaben. In deren Sprüchen schwingt eventuell ein neidischer Unterton mit, weil sie vielleicht ihre eigene Zuckersucht nicht unter Kontrolle haben. Lassen Sie sich auch nicht mehr mit Kosenamen wie

»Leckermaul« oder »Naschkatze« abspeisen, die Sie nie besonders passend fanden. Von nun an entscheiden Sie selbst, welche Eigenschaften Ihnen zugeschrieben werden.

Mein Tipp: Gönnen Sie sich statt süßer Naschereien etwas richtig Gutes, zum Beispiel einen Fruchtcocktail, einen Wellnesstag oder einfach Zeit mit Freunden.

19 Sind Sie ein Ja-Sager?

Heute schon Nein gesagt? Ich hoffe, ja! Denn um des lieben Friedens willen, aus Mitleid oder Pflichtgefühl müssen Sie sich nicht immer anpassen. Lehnen Sie auch einmal Anfragen, Angebote oder Aufträge im Beruf, in der Familie oder im Freundeskreis ab, wenn Sie nicht aus Überzeugung zusagen können. Sagen Sie bewusst Nein! Wir werden ständig umworben. Sind Sie oft bemüht, für alle und jeden da zu sein, nur um es allen recht zu machen und nirgendwo anzuecken? Dann legen Sie jetzt Ihre Gewissensbisse und Schuldgefühle ab und sagen Sie endlich Nein! Wenn Sie das nächste Angebot, die nächste Anfrage oder Bitte erreicht, nehmen Sie sich genügend Bedenkzeit für Ihre Entscheidung. Sie müssen sich nicht sofort entscheiden. Haben Sie keine Angst vor den Konsequenzen, wenn Sie ablehnen. Vernachlässigen Sie nicht Ihre eigenen Bedürfnisse. Ein Nein zu anderen ist oft ein Ja zu sich selbst! Sie werden sehen, dass es Ihnen bald viel leichter fallen wird, auch den vielen Werbeversprechen und Schnäppchenangeboten zu widerstehen und Nein zu sagen. Beginnen Sie gleich mit der ersten Übung: Sagen Sie Nein zu den verlockenden Süßigkeiten. Wenn Sie sich vor Augen führen, dass Sie sich damit etwas Gutes tun, wird Ihnen der Verzicht leicht fallen.

20 Wirklich cool

Coolness spielt vor allem im Teenageralter eine zentrale Rolle. Aber auch jenseits der Zwanziger steht uns eine gewisse Lässigkeit und Entspanntheit gut zu Gesicht. Wer cool ist, tritt souverän, gelassen und kontrolliert auf und bewahrt auch in schwierigen Situationen im wahrsten Sinne des Wortes einen »kühlen Kopf«. Er oder sie ist selbstbewusst und hat Humor. Sie sind schon auf dem richtigen Weg: Denn der Verzicht auf Zucker beeindruckt Ihre Mitmenschen und macht Sie richtig cool! Wer sich wohl in seiner Haut fühlt, tritt automatisch selbstbewusster auf. Es ist wie eine Kettenreaktion. Im Bewusstsein, der Zuckersucht ein Schnippchen geschlagen zu haben, strahlen Sie Selbstzufriedenheit, Selbstvertrauen und gute Laune aus. Und wenn dann auch noch die Pfunde purzeln, müssen Sie bald Ihren Kleiderschrank ausmisten, was wiederum ein wahrer Grund zur Freude ist. Ihr positiver Wandel lässt die Umgebung aufhorchen. Wie ist das möglich, werden sich alle fragen. Nehmen Sie sich mehr Zeit für die schönen Dinge des Lebens, denn so cool, wie Sie jetzt sind, gehen Sie alles etwas lockerer an. Feiern Sie, so oft es geht: Drehen Sie das Radio auf, singen oder pfeifen Sie mit und lassen Sie die Hüften kreisen! Und vergessen Sie nicht, Ihrem Spiegelbild zuzuzwinkern. Denn Sie können stolz auf sich sein!

21 Werden Sie aktiv!

In unserer Gesellschaft hat sich das »Essen nebenbei« eingeschlichen: Popcorn und Eis zum Kinobesuch, Knabbereien und Fingerfood auf Partys und Kuchen zum Kaffeeklatsch am Nachmittag. Wie kann man seinen Zuckerkonsum langfristig reduzieren und der ständigen süßen Versuchung entgehen, ohne in Gesellschaft gleich zum Spielverderber oder zur Spaßbremse zu mutieren? Ganz wichtig: Gehen Sie nie hungrig zu einer Party oder einem Treffen mit Freunden. Dann überkommt einen die Lust auf Süßes nicht so schnell. Und wenn doch, können Sie Ihren Appetit zügeln, indem Sie gezielt nach gesunden Alternativen suchen oder sich ablenken, zum Beispiel durch Tanzen oder einem anregenden Gespräch mit dem sympathischen Mann hinter Ihnen in der Schlange am Buffet. Reden Sie nicht ständig über das Essen, meiden Sie bewusst Räume, in denen das Essen im Mittelpunkt steht, und trinken Sie Wasser, wenn Sie das Gefühl haben, etwas in den Händen halten zu müssen. Und wenn bei der alljährlichen Weihnachtsfeier in der Firma der Tisch wie immer reichlich gedeckt ist, picken Sie sich nur die gesunden Häppchen heraus und essen Sie nicht aus Langeweile oder Solidarität. Solche Feiern können manchmal lang und ausufernd sein. Gehen Sie zwischendurch an die frische Luft und bewegen Sie sich. Animieren Sie Ihre Familie und Freunde zu Aktivitäten. Machen Sie einen gemeinsamen Spaziergang oder veranstalten Sie einen kleinen Wettlauf um den Häuserblock. Sie werden sehen, die anderen werden begeistert mitmachen und plötzlich sind Sie der »Wohlfühlheld«!

Extratipp

Nehmen Sie zum nächsten Kinobesuch Ihre eigene Knabberei mit, z.B. Cashewkerne, getrocknete Tomaten oder handliches Obst (Apfelschnitze, Weintrauben). Als Getränk eignen sich scharfer Tomaten- oder süßer Karottensaft. Sie machen satt und fördern sogar die Sehkraft.

---

22 Ihr USP macht Sie interessant!

Sie verlassen nur kurz Ihren Arbeitsplatz und schon steht der Teller mit einem verführerischen Stück Kuchen auf Ihrem Tisch. Ihre Kollegin hat es wieder einmal zu gut mit Ihnen gemeint. Was tun? Bedanken Sie sich für die nette Aufmerksamkeit und versuchen Sie, das süße Stück so schnell wie möglich wieder loszuwerden. Sie tun niemandem einen Gefallen, wenn Sie es jetzt höflich essen und innerlich bedauern. Verschenken Sie das süße Stück an eine Kollegin, die sich darüber freuen wird. Es gibt immer wieder Anlässe im Jahr, bei denen man in eine solche Situation kommt: Geburtstage, Jubiläen, Feiertage, Abschlüsse, Verabschiedungen und nicht zuletzt die ganz alltäglichen Stressphasen, in denen die Kollegin versucht, Sie mit Süßigkeiten aufzuheitern. Was tun Sie? Es liegt an Ihnen, ob Sie aus Höflichkeit annehmen oder von nun an dankend ablehnen.

Seien Sie Vorbild, denn es geht auch anders: Bringen Sie bei nächster Gelegenheit einen gut gefüllten, bunten Obstkorb mit zur Arbeit oder backen Sie ein leckeres zuckerfreies Brot mit Nüssen, Beeren und Quark. Das sorgt für gute Laune, Aufmerksamkeit und einen satten Bauch. So gewinnen Sie Freunde, ernten Sympathie und Dankbarkeit - und schaffen sich ein Alleinstellungsmerkmal in Ihrem Unternehmen. USP (= Unique Selling Proposition) ist ein Begriff aus dem Marketing für ein Alleinstellungsmerkmal mit Erfolgsgarantie. Sollten Sie einmal ausfallen oder den Job wechseln, wird man sich gerne an Ihren USP erinnern.

23 Auftanken in grünen Oasen

Eine lange Arbeitswoche mit Stress, Hektik und anstrengenden Meetings liegt hinter Ihnen. An Ihren freien Tagen sollten Sie daher nicht unbedingt in die hektische, laute und überfüllte Innenstadt fahren, um sich mit sinnlosem Shopping zu belohnen. Außerdem wird man in der Innenstadt ständig ans Essen erinnert. Man bekommt Appetit, obwohl der Bauch voll ist (einmal bewusst darauf achten).

Mein Tipp: Wählen Sie lieber die Ruhe der Natur und machen Sie am Wochenende zur Abwechslung mal einen ausgedehnten Waldspaziergang. Haben Sie den Wechsel der Jahreszeiten in diesem Jahr schon bewusst wahrgenommen? Damit meine ich nicht das alltägliche Nörgeln über das schlechte Wetter. Sammeln Sie die Blumen, Kastanien, Blätter und besondere Steine oder genießen Sie den malerischen Sonnenuntergang. Beobachten Sie Enten beim Tauchen oder Eichhörnchen beim Klettern. Sie werden sehen, wie wenig Lust Sie auf Süßes haben, wenn Sie draußen in der Natur sind. Suchen Sie deshalb so oft wie möglich Ihre Lieblingsplätze im Grünen auf, vielleicht kombiniert mit einer täglichen Joggingrunde um den See. Oder genießen Sie einfach einen Abendspaziergang in einem schönen Park. Sie haben wenig oder gar keine Zeit? Dann verbinden Sie Ihre täglichen Aufgaben, den Weg zur Arbeit oder die Pause mit einem kurzen Ausflug ins Grüne. Wo haben Sie in Ihrer Umgebung einen schnellen Zugang zur Natur? Führt der Weg zur Arbeit an Feldern vorbei? Liegt der Stadtpark direkt neben Ihrem Arbeitsplatz? Oder ist es das Waldstück hinter Ihrer Wohnung oder der Fluss mitten in der Stadt? Suchen Sie gezielt nach grünen Oasen, in denen Sie Energie tanken können.

24 Die Freiheitsfalle

Wenn man sich einmal näher mit der Geschichte der Menschheit beschäftigt, dann stellt man mit Erstaunen fest, wie frei wir heute - im Gegensatz zu unseren Vorfahren - unser Leben gestalten können. Wir können - zumindest in der westlichen Welt - unseren Wohnort, unseren Arbeitsplatz und unseren Partner meist frei wählen. Wir entscheiden selbst, welcher Religion wir angehören, welche Hobbys wir haben und wofür wir unser Geld ausgeben. Welch ein Luxus! Eigentlich sollten wir uns in einem dauerhaften Glückszustand befinden - stattdessen beherrschen seelische und körperliche Leiden das Bild der Menschheit. Woran liegt das? Was fehlt uns? Warum sind wir manchmal so unglücklich, unzufrieden, gestresst und krank?

Jede Medaille hat ihre zwei Seiten: Durch die Vielfalt der Möglichkeiten genießen wir nicht nur mehr Freiheit. Wir haben auch die Qual der Wahl. Traditionelle Familienstrukturen brechen durch zunehmende Individualisierungsprozesse immer mehr auf, wir werden zu Einzelgängern und Workaholics. Plötzlich haben wir Orientierungsprobleme, weil wir uns nicht mehr an alten Werten festhalten können. Kein Wunder, dass wir manchmal auf die schönen Versprechungen der Werbeindustrie hereinfallen. Sie kreiert ihre Produkte ganz nach unseren Wünschen und Sehnsüchten, schafft Bilder, mit denen wir uns allzu gerne identifizieren, schmiert uns Honig ums Maul und dank geschickter Produktinszenierung überkommt uns plötzlich eine unstillbare Lust auf Süßes.

Jede Werbung kann für uns zur Zuckerfalle werden. Machen Sie den Test und schalten Sie den Fernseher ein. Hinterfragen Sie jeden Werbeclip und entlarven Sie die Botschaften dahinter. Wer seinen Medienkonsum hinterfragt und konsequent reduziert, sich stattdessen mehr an der frischen Luft aufhält, viel mehr offline ist, bei dem wird der trügerische süße Hunger mit Sicherheit verstummen.

25 Gemeinsam sind wir stark

Sind Sie wieder einmal dem Zucker verfallen? Sie sind nicht allein! Suchen Sie sich Verbündete, Wegbegleiter und Gleichgesinnte, mit denen Sie sich austauschen können. Ermutigen Sie sich gegenseitig und sprechen Sie sich in schwachen Momenten Mut zu. Vertrauen Sie sich Ihren engsten Freunden, Familienmitgliedern und Arbeitskollegen an. Erklären Sie ihnen Ihre neuen Essgewohnheiten oder Ihre Lebensumstellung, nur so werden Sie verstanden und unterstützt. Dann wird Ihnen auch niemand mehr übel nehmen, dass Sie Süßigkeiten ablehnen. Niederlagen, die es sicher auch mal geben wird, lassen sich besser wegstecken, wenn man jemanden zum Reden hat. Und man ist nicht auf sich allein gestellt.

Extratipp

Interessante Webseiten zu alternativen Ernährungs- und Lebensweisen sind zum Beispiel:

- https://paleo360.de
- https://urgeschmack.de
- https://www.drlibby.com
- https://daniellewalker.com oder
- https://www.strunz.com

Wenn Sie nicht gleich zu Beginn auf Gleichgesinnte treffen, werden Sie spätestens nach einigen Wochen einige Interessierte in Ihrem Umfeld haben. Sie werden erstaunt sein, wie viel Gesprächsbedarf es zu diesem Thema gibt und wie viele ebenfalls den Wunsch haben, ihren Zuckerkonsum zu reduzieren. So haben Sie immer Gesprächsstoff in der Betriebskantine und zur Not auch ein Gesprächsthema bei langweiligen Dinnerpartys. Sie können Rezepte, Methoden und Erfahrungen austauschen, aber auch über Rückschläge, Tücken des Alltags oder Misserfolge lachen. Suchen Sie auch im Internet nach Gruppen, Foren und Blogs. Dort treffen Sie mit Sicherheit auf Gleichgesinnte, aber auch auf Exoten, die vielleicht ganz andere Ideen beisteuern. Und wer weiß, vielleicht finden Sie ja sogar den einen oder anderen Denkansatz der Neo-Minimalisten, der Share-Community, der Bio-Gurus, Rohköstler oder Paleo-Anhänger interessant?

Abbildungen auf den folgenden Seiten: So einfach kann gesundes Naschen sein. Alle hier vorgestellten Produkte sind hausgemacht und garantiert ohne (Industrie-)Zucker. Als Alternativen wurden Xylit, Stevia oder pürierte/ zerstückelte Datteln verwendet.

26 Liebe geht nicht nur durch den Magen

All you need is love! Gefühlschaos, Herzklopfen und Kribbeln im Bauch sind die Anzeichen für echte Verliebtheit. Liebe lässt auch das Hungergefühl verschwinden. »Von Luft und Liebe leben« - das kennen viele frisch verliebte Paare. Die Hormone spielen verrückt, man kann an nichts anderes mehr denken und bekommt kaum noch einen Bissen hinunter. Kein Wunder, dass nebenbei die Pfunde purzeln. Und während die Gefühle Achterbahn fahren, schwebt man buchstäblich im siebten Himmel.

Dass dieser Zustand nicht ewig anhält, ist biologisch nachvollziehbar. Nach der ersten Euphorie (ausgelöst durch Dopamin) folgt die Erregung durch Adrenalin und schließlich ein Glücksrausch und tiefes Wohlbefinden durch Endorphine und Cortisol. Liebe, Zufriedenheit und Glücksgefühle sind also eng miteinander verbunden. Der Gefühlsrausch lässt allerdings nach, wenn sich unser Hormonspiegel wieder beruhigt hat. Macht nichts - einfach dranbleiben und das Gefühl immer wieder neu entfachen! Wie das geht? Zum Beispiel, indem Sie öfter mal Komplimente machen, Blumen schenken und Ihre Liebsten in den Arm nehmen. Haben Sie heute schon etwas Liebenswertes getan? Jede Form von Liebe - sei es Selbstliebe, Mitgefühl oder eine innige Partnerschaft - kann ein solches Hochgefühl auslösen. Während Sie also verliebt im Liebesfluss versinken, intensive Begegnungen mit Freunden haben oder verzweifelten Arbeitskollegen unter die Arme greifen, vergessen Sie Ihre Alltagssorgen, Probleme und damit auch den lästigen Appetit auf Süßes. In diesem Zustand lebt man im Hier und Jetzt, kann sich am besten entspannen und gleichzeitig die kreativsten Ideen haben. Nutzen Sie diese unendlichen Möglichkeiten der Liebe und lassen Sie sich von ihr beflügeln!

27 Mit Buddha zur Einsicht

Man könnte meinen, Buddha hätte damals vor rund 2.500 Jahren, bei seiner Formulierung der sogenannten »Vier Edlen Wahrheiten« als Weg zur Erleuchtung, etwas von unserem Zuckerproblem geahnt. Er machte drei Eigenschaften für unser tägliches Leiden verantwortlich: Gier, Zorn und Unwissenheit. Alle drei »Grundübel« hängen miteinander zusammen und lassen sich auf fast alle Lebensbereiche übertragen. Mit Gier ist sowohl Habgier als auch Begierde, Sucht oder Habenwollen gemeint. Wird die Gier nicht befriedigt, entwickelt sie sich nicht selten zu Wut, Pessimismus oder Zorn. Unwissenheit ist gleichbedeutend mit Verblendung oder Nichtwissen.

Das kommt uns doch sehr bekannt vor: Ständig kreisen die Gedanken um das süße Stück Schokolade (Gier). Hat man die Tafel dann verputzt, plagt einen das schlechte Gewissen und man ist sauer auf sich und den schwachen Willen (Zorn). Und das alles nur, weil uns nicht klar war, woher die Gier und der Kontrollverlust kommen (Unwissenheit). Buddhas Gegenmittel heißt kurz gefasst: Loslassen. Dies lässt sich am besten mit Achtsamkeit erzielen. Mit entsprechender Wissensaneignung, achtsamer Alltagsgestaltung und Gelassenheit können Sie den drei schädlichen Eigenschaften und ihrer Kettenreaktion bewusst entgegenwirken. Erinnern Sie sich bei der nächsten Zuckersucht-Attacke an Buddhas Worte. Mit der Wissensaneignung haben Sie Ihre »Verblendung«, Ihre Unwissenheit in dieser Sache bereits überwunden. Sie allein bestimmen über Ihre Gedanken, lenken Sie diese ab, zum Beispiel mit schönen Dingen, und schenken Sie der Gier keine weitere Aufmerksamkeit. Mit dieser achtsamen Geisteshaltung verfliegt die Sucht nach Süßem schon bald und Ihrer »Erleuchtung« steht nichts mehr im Weg.

28 Unser wahres Zuhause

Viele Menschen legen besonderen Wert auf ein schönes Zuhause. Sie investieren viel Zeit und Geld in die perfekte Einrichtung. Wochenenden und Urlaubstage werden in Baumärkten und Möbelhäusern verbracht, um die Wohnung oder das Haus entsprechend zu dekorieren und immer wieder zu optimieren. Neue Trends, Veränderungen, aber auch Risse im Mauerwerk kommen hinzu.

Was die meisten dabei aber vergessen, ist, dass das eigentliche Zuhause wir selbst sind. Unser Körper ist unser Tempel. In ihm leben wir bis ans Ende unserer Tage. Damit wir uns in unserer Haut wohlfühlen, müssen wir unseren Körper auch pflegen, formen und ihm die nötige Aufmerksamkeit schenken. Doch viele Menschen vernachlässigen ihren Körper geradezu sträflich. Sie haben keine Zeit und kümmern sich lieber um den

Garten oder renovieren Räume, als überflüssige Pfunde loszuwerden. Lenken Sie Ihr Augenmerk daher bewusst wieder auf Ihr eigentliches Zuhause! Gehen Sie achtsam mit sich um, indem Sie sich um Ihren Körper kümmern und Ihren Zuckerkonsum reduzieren. Seien Sie dankbar für Ihre Gesundheit, Ihr Aussehen und Ihre körperlichen Fähigkeiten (die wir oft als selbstverständlich hinnehmen). Machen Sie einen »Body Scan« in Form einer Meditation oder einer bewussten Achtsamkeitsübung, und richten Sie Ihre Aufmerksamkeit auf Ihren Körper. Wählen Sie dazu eine bequeme Position und achten Sie darauf, dass Sie die Übung in Ruhe durchführen zu können. Nehmen Sie Ihre Gedanken, Empfindungen und Gefühle bewusst wahr. Richten Sie die Aufmerksamkeit auf die Atmung und einzelne Bereiche des Körpers. Tasten Sie Ihren Körper in Gedanken von den Füßen bis zur Nasenspitze ab.

So lernen Sie, wieder bewusst auf Ihre innere Stimme zu hören. Ein bisschen Schwitzen gehört natürlich auch dazu. Verbinden Sie Ihr Training doch mit der anstehenden Hausarbeit: den Garten umgraben, mit dem Fahrrad zum Bäcker fahren oder selbst Holz hacken. Mit dem Verzicht auf Süßigkeiten tun Sie sich zusätzlich etwas Gutes: Sie zögern die nächste

»Renovierung« Ihres Körpers ein wenig hinaus. So können Sie sich wieder entspannt in Ihre gemütliche Möbellounge setzen und Ihr schönes Zuhause im doppelten Sinne genießen.

29 Aus der Geschichte lernen

Warum beschäftigen sich Menschen eigentlich mit längst Vergangenem? Es gibt Studienfächer, Dokumentarfilme und Einrichtungen auf der ganzen Welt, die sich mit der Vergangenheit beschäftigen. Aber weshalb? Wir sollten uns doch auf die Gegenwart konzentrieren und uns besser auf die Zukunft vorbereiten! Oder etwa nicht? Aus einem einfachen Grund: Wir wollen aus Fehlern und Erfahrungen lernen. Aus der Vergangenheit speist sich unser gesamtes heutiges Wissen, an ihr orientieren wir uns, auf ihr baut unsere ganze Lebenswelt auf und deshalb lohnt sich der Blick in vergangene Epochen.

Werfen wir doch einmal einen Blick in die Steinzeit. Wie haben sich unsere Vorfahren damals ernährt? Wie und aus welchen Gründen hat sich die Ernährung seit jener Zeit verändert? Im Neolithikum, der so genannten Jungsteinzeit (vor etwa 10.000 Jahren), erlebten die

Menschen einen gravierenden Umbruch, der unsere Ernährung bis heute bestimmt. Mit dem Beginn der Sesshaftigkeit, also der der Gründung von Siedlungen, entwickelten unsere Vorfahren Ackerbau und Viehzucht, wodurch sich die ursprüngliche Ernährung der Jäger und Sammler entscheidend veränderte. Immer häufiger wurden nun die Getreideprodukte wie Emmer, Einkorn, Nacktweizen und Gerste verzehrt. Ganz sicher aber gehörten Käsekuchen, Früchtejoghurt oder Weißbrötchen nicht auf den Speiseplan unserer Vorfahren. Wir sollten daher eher zu den ursprünglichen frischen und natürlichen Lebensmitteln greifen. Denn die Steinzeit steckt uns in den Knochen.

Inzwischen gibt es zahlreiche Rückbesinnungen wie die Paleo-Bewegung, die sich an steinzeitlichen Ernährungsplänen orientiert und prähistorische Bedingungen in ihr modernes Leben integriert: Das reicht von mehr Bewegung über Zuckerverzicht bis hin zum Barfußlaufen. Probieren Sie einen Tag lang einen solchen »Paleo-Lifestyle« aus. Sie müssen sich dafür nicht in Felle hüllen oder ein Feuer machen. Wie wäre es zum Beispiel mit einer weizenfreien Woche oder minimalistischen Schuhen? Und probieren Sie auf jeden

Fall den Verzicht auf Industriezucker. Denn den gibt es vergleichsweise erst seit kurzem.

30 Das Tier als Vorbild

Haben Sie Haustiere? Dann wissen Sie, dass wir in Sachen Ernährung und Zufriedenheit viel von ihnen lernen können, egal ob Hund, Katze, Hamster oder Meerschweinchen. Tiere sind in der Regel aufgeweckt, neugierig und verspielt oder, wenn sie gefressen haben, satt und zufrieden. Tiere fressen nur, wenn sie Hunger haben, und können aufhören, wenn sie satt sind. Immer häufiger beobachten wir jedoch, dass auch Katzen und Hunde an Übergewicht, Allergien, Diabetes oder sogar Karies erkranken. Vielleicht liegt es am Dosenfutter (meist mit Zusatzstoffen und Zucker angereichert), vielleicht am Bewegungsmangel des Tieres oder an beidem gleichzeitig.

Doch in der Natur sind Tiere wahre Vorbilder in Sachen Ernährung: Sie sind den ganzen Tag mit der Nahrungssuche beschäftigt. Jagen oder sammeln, fressen und ruhen stehen bei ihnen in einem ausgewogenen Verhältnis. Das erinnert uns wieder an unsere Vorfahren Ötzi & Co. Auch wir Menschen waren vor gar nicht allzu langer Zeit auf der Suche nach natürlichen Nahrungsquellen ständig in Bewegung. Erst mit der Sesshaftigkeit und der damit verbundenen ständigen Verfügbarkeit von Nahrung änderte sich diese ursprüngliche Lebensweise. Unsere tierischen Artgenossen haben aber immer noch einen Instinkt, der ihnen signalisiert, wann sie genug gefressen haben. Wir sollten uns die Tierwelt zum Vorbild nehmen und mehr auf unser natürliches Sättigungsgefühl achten. Ob mit oder ohne Kinder, besuchen Sie den Zoo und lassen Sie sich inspirieren! Gehen Sie auf Entdeckungsreise und schauen Sie den Löwen beim Fressen zu. Es versteht sich von selbst, dieses Mal einen großen Bogen am Eisverkäufer zu machen.

31 Früh übt sich...

»Ich will das!« Und schon zeigen die Kleinen auf die knallbunten Verpackungen im Supermarkt. Natürlich hängen diese in passender Augenhöhe und locken mit niedlichen Figuren, auffälligen Motiven und zuckersüßem Geschmack. »Quängelware« werden diese Produkte genannt, die gezielt auf die Kleinen zugeschnitten sind und bewusst ihre Emotionen ansprechen. Aufgrund des hohen Zuckergehalts sind viele dieser Lebensmittel ungesund, was Ihren kleinen Liebling natürlich nicht interessiert, denn genau diese farbenfrohe Bonbontüte möchte er haben. Schützen Sie Ihr Kind mit einfachen Tricks, indem Sie beispielsweise den Kinderwagen so positionieren, dass es Sie und nicht den ganzen Laden im Blick hat. Das Kind sollte möglichst wenigen Reizen ausgesetzt sein.

Achten Sie darauf, dass Ihr Kind nicht zu viel Zeit vor dem Fernseher verbringt, wo es ständig mit Produktwerbung konfrontiert wird. Nutzen Sie die gemeinsamen Stunden lieber für spannende Aktivitäten und Spiele oder zum Vorlesen. Natürlich haben wir Erwachsenen eine Vorbildfunktion für unsere Kinder. Kinder ahmen uns Großen alles nach, sie orientieren sich in ihrem Handeln und Denken an uns. Gerade beim Thema Süßigkeiten wird es kompliziert: Naschen wir selbst gerne, werden wir die Süßigkeit unserem Kind kaum vorenthalten können. Verbieten wir sie ihnen, verbinden sie etwas Unerlaubtes, Wertvolles damit. Mit einem Verbot erreichen wir wahrscheinlich genau das Gegenteil. Hier gilt also: Erklären Sie Ihrem Kind schon früh, was Industriezucker im Körper anrichtet und leben

Sie gesunde Ernährung vor. Denn was für Kinder gilt, gilt natürlich auch für Erwachsene!

Auf diese Weise können wir mehr Verantwortung für uns und unsere Gesellschaft übernehmen und - ohne dabei dogmatisch zu werden - unser Wissen über gesunde Ernährung mit anderen teilen.

Bereit für neue Strategien

Sie wollen auch in Zukunft am Ball bleiben? Dann lassen Sie sich von den folgenden Tipps mit echter Langzeitwirkung inspirieren.

Behalten Sie Ihre Zuckersucht stets im Blick, indem Sie Strategien entwickeln, die mehr Struktur und Kontrolle in Ihren zuckerfreien Alltag bringen. So können Sie Ihre bisherigen Erfolge dauerhaft festigen. Hilfreich sind zum Beispiel regelmäßige Tagebucheinträge, ein neuer Wochenplan oder auch die Vertiefung Ihres Wissens über gesunde Ernährung.

Und vergessen Sie nicht, sich immer wieder für Ihren Verzicht auf Zucker zu belohnen - das stärkt die Motivation ungemein! Ihrer Kreativität sind dabei keine Grenzen gesetzt. Wer gut drauf ist und positiv denkt, hat erst gar keinen Appetit auf Süßes: Lesen Sie, welche Power-Früchte die Lebensgeister wecken, warum saure Zitronen lustig machen und warum zuckerfreie Ernährung der beste Beauty-Tipp ist.

Was hat der Verzicht auf Süßes mit Gesundheitsvorsorge zu tun? Wie Sie bereits wissen, eine ganze Menge: Ob Sie Ihr Immunsystem stärken, länger fit bleiben oder einfach nur Körper und Geist in der Fastenzeit eine Pause gönnen - es gibt so viele Möglichkeiten, sich mit einer Ernährungsumstellung etwas Gutes zu tun.

Auch der nächste Urlaub kann - zuckerfrei - zu einer echten Herausforderung werden, wenn Sie neue Lebensmittel und Gerichte entdecken und Ihren Speiseplan damit bereichern. Und wenn Sie dieses Jahr keine Reise in ferne Länder planen, machen Sie doch einen kulinarischen Ausflug in die Küche anderer Länder, lernen Sie bisher unbekannte Rezepte kennen - die neuen Geschmackserlebnisse werden Sie die Lust auf Süßes schnell vergessen lassen.

Um der Zuckersucht dauerhaft ein Ende zu setzen, versuchen Sie, sich von Ihren destruktiven Denkmustern zu lösen und üben Sie sich in Geduld. Denn Übung macht den Meister - wozu also die Eile?

32 Das Kein-Zucker-Tagebuch

Ähnlich wie bei der Visualisierung (einige Kapitel zuvor) kann Ihnen ein Kein-Zucker-Tagebuch zum Erfolg verhelfen. Gehen Sie dazu wie folgt vor: Nehmen Sie Ihren normalen Terminkalender zur Hand. Markieren Sie die erfolgreichen Tage z.b. mit einem »Z« für zuckerfrei und freuen Sie sich, wenn sich schon nach kurzer Zeit eine stattliche Anzahl dieser Buchstaben im Kalender ansammelt. Vielleicht müssen Sie schon bald die Markierung umdrehen und nur noch die Tage ankreuzen, an denen Sie die Zuckersucht gepackt hat! Einen guten Überblick verschafft ein Jahreskalender, der z. B. an der Kühlschrankwand befestigt wird. Ergänzen Sie ihn mit zusätzlichen Buchstaben wie »S« für Sport, »M« für Meditation oder »Y« für Yoga. Eine erfolgreiche Woche verdient einen großen Smiley! Der Sinn eines solchen Tagebuchs besteht darin, Ihre Zuckersucht zu visualisieren und zu beobachten. Vor allem aber haben Sie jetzt einen zuckerfreien Plan! Notieren Sie genau, wann und vor allem warum Sie zu welcher Süßigkeit gegriffen haben. Seien Sie dabei ganz ehrlich zu sich selbst und schreiben Sie wirklich alles auf.

Ein Eintrag könnte zum Beispiel so aussehen:

Montag, 10 Uhr: Stress im Büro, großer Berg Papierkram zu erledigen → Griff zur Schokolade (ca. 20 g).

15 Uhr: Mittagstief, Heißhunger auf ein üppiges Kantinenessen, schlechte Laune, Regenwetter → dafür mussten 3 Cookies (60 g) mit Kaba (250 ml) her.

usw.

Da kommt einiges zusammen, nicht wahr? Sie werden sehen, wie leicht Sie mit dieser Methode Ihrer Zuckersucht auf die Spur kommen! Dieses Buch hilft Ihnen dabei.

33 Downshiften mit einfacher Regel

Ihr Arbeitsalltag ist geprägt von täglichem Termindruck, Stress und Hektik? Dazu kommen lange Arbeitswege, kurze Erholungspausen und endlose To-Do-Listen? Dann gibt es gute Gründe für Ihr ungesundes Essverhalten - in Stressmomenten zum Süßigkeitenregal oder zum Bäcker um die Ecke zu pilgern, ist einfach zu verlockend. Sie wissen es, haben aber nicht den Nerv, sich damit auseinanderzusetzen.

Was hilft? Strukturieren Sie Ihr Leben nach einer Regel, die ich für mich die »A-B-C-Regel« genannt habe: Erst das Notwendige (A), dann das Mögliche (B) und zum Schluss das Unmögliche (C). Man muss also nicht gleich halbtags arbeiten oder ins Fitnessstudio gehen. Auch bei einem Zehn-Stunden-Tag ist es möglich, bewusst einen Gang zurückzuschalten und etwas für die Gesundheit zu tun: Integrieren Sie so viel Bewegung wie möglich in Ihren Alltag (A), etwa durch kleine Yoga-Übungen gleich nach dem Aufstehen: Den »Sonnengruß« im Schlafzimmer und die »Kriegerstellung« beim Zähneputzen. Fahren Sie mit dem Rad zur Arbeit, gehen Sie zu Fuß und so weiter. Während des Tages konzentrieren Sie sich immer auf nur eine Sache, die Sie gerade tun. Machen Sie richtige (Mittags-)Pausen und seien Sie, wenn möglich, zu diesen Zeiten telefonisch nicht erreichbar. Verlassen Sie das Firmengelände und suchen Sie gezielt Ruheplätze auf. Wählen Sie gesunde, ungesüßte Zwischensnacks wie Äpfel, Nüsse oder Cherrytomaten und nehmen Sie immer Ihre Wasserflasche mit.

Für die Hälfte des Tages haben Sie also schon viel erreicht: Sie haben sich gesund ernährt, ausreichend bewegt und konnten zwischendurch sogar ein wenig entspannen.

Erledigen Sie in der zweiten Tageshälfte den Rest Ihrer Aufgaben (B) und freuen Sie sich auf den Feierabend. Lernen Sie auch, Dinge liegen zu lassen, die Sie am Tag nicht geschafft haben. Je mehr Freizeit Sie sich schaffen, desto produktiver werden Sie sein.

Extratipp

Neben dem Obststück oder der Nusspackung gehört das Outdoor-Reisebesteck »Göffel« (Gabel und Löffel kombiniert) für spontane Salate oder Joghurts immer ins Handgepäck, ebenso eine Frischhaltedose als Tellerersatz für schnelle Müsli-Mix-Aktionen und eine auslaufsichere Thermoskanne für den selbstgemachten Kakao zwischendurch - natürlich zuckerfrei.

Solange Sie die Reihenfolge A-B einhalten, werden Sie automatisch Dinge schaffen, die Sie für unmöglich hielten (C). Wenn Sie sich diese einfache A-B-C-Regel in Zukunft zu Herzen nehmen, können Sie sich schon jetzt auf eine Steigerung Ihres Wohlbefindens freuen!

34 Der Ohne-Zucker-Masterplan

Je länger Sie sich mit dem Thema »Zuckersucht« auseinandersetzen, desto tiefer werden Sie in die Materie eintauchen. Ganz neue, spannende Themenbereiche tun sich auf - plötzlich beschäftigen Sie sich mit der Menschheitsgeschichte, mit Nachhaltigkeit, Kaufsucht und Alkoholkonsum. Vielleicht kaufen Sie sich auch mal ein Fachbuch oder lesen wissenschaftlich fundierte Artikel rund um das Thema Ernährung. So eignen Sie sich nach und nach ein breites Wissen über Essverhalten, über evolutionsbiologische Themen und Suchtforschung an, entdecken spannende Denkansätze auch aus der Anthropologie, der Neurologie oder der Antike. Gehen Sie beispielsweise der Ernährungsgeschichte des Menschen auf den Grund oder lassen Sie sich von den archäologischen Funden der letzten Steinzeitskelette im Völkerkundemuseum begeistern.

Es kann Sie natürlich auch in eine ganz andere Richtung verschlagen. Egal, wohin Ihre Neugier Sie führt, Sie erarbeiten sich damit ein spannendes neues Wissen, das auf der nächsten Party für interessanten

Gesprächsstoff sorgen wird. Wenn dann das Thema Zucker aufkommt, können Sie auf jeden Fall mit Fakten und historischem Hintergrundwissen glänzen. Und je besser Sie sich in der Materie auskennen, desto unwahrscheinlicher ist es, dass Sie noch einmal in die Zuckerfalle tappen. Werden Sie zum zuckerfreien Ernährungsprofi und verbannen Sie die Zuckersucht für immer aus Ihrem Leben. Welches Thema interessiert Sie persönlich besonders und wo möchten Sie Ihr Wissen vertiefen?

35 Pure Kreativität

Ob beim Einkaufen im Supermarkt oder beim Selberkochen - Sie lernen, Ihren Alltag neu zu gestalten. Der Verzicht auf Zucker fördert die Kreativität! Je einfallsreicher Sie beim Backen und Kochen sind, desto mehr Freude werden Sie daran haben. Ärgern Sie sich also nicht über allfällige Schwierigkeiten im Alltag, die der Zuckerverzicht eventuell mit sich bringt, z.B. wenn nicht alles sofort zur Verfügung steht und schnell besorgt werden kann. Betrachten Sie das vermeintliche Problem mit Ruhe und Gelassenheit.

Werden Sie Alice im Wunderland und verwandeln Sie Ihre Umwelt in einen Zauberwald: Physalis verzaubern Sie in Bonbons, Quark mit frischen Früchten verwandeln Sie in eine neue, leckere Eissorte. Backen Sie Plätzchen mit Bananen oder Kirschen und geben Sie ihnen lustige Namen.

Bei der Herstellung meiner Kekse aus Haselnuss, Kokos und Datteln kommt es beispielsweise zu einem lustigen Klatschgeräusch, weswegen das Gebäck in meinem Bekanntenkreis als »Klatsch-Kekse« bekannt ist. Mein Schokokuchen aus Mandelmehl, Kakao, Walnüssen, frischen Himbeeren und Bananen heißt »Fitti-Kuchen«, weil er enorm viel Energie liefert und sich besonders gut als Snack für sportliche Aktivitäten eignet. Wie heißen Ihre neuen Kreationen? Höchste Zeit für ein Rezeptbuch, finden Sie nicht auch?

36 Sauer macht lustig

Ursprünglich hieß der Spruch einmal »Sauer macht Appetit«. Denn Saures regt tatsächlich den Appetit an, stimuliert die Geschmacksnerven, belebt, macht Lust und damit auch lustig. Denken wir an eine Zitrone, ziehen sich automatisch die Augen zusammen und die Mundwinkel nach oben.

Extratipp

Rezept für ein Kräuter-Power-Brot (gluten- und garantiert zuckerfrei!)

- 200 g gemahlene Mandeln
- 2 EL Kokosraspel
- 2 EL Leinsamen (geschrotet)
- 2 EL frisch gehackte Kräuter (nach Wahl)
- 5 Eier
- 1 Pck. Backpulver
- 30 ml geschmolzenes Kokosöl
- 1 Prise Salz
- 1 EL Apfelessig

Geben Sie die Mandeln, das Kokosmehl, das Leinsamenmehl und die Kräuter in eine Schüssel und verrühren Sie diese mit den Eiern, dem Öl und dem Essig, bis der Teig eine zähe Masse ergibt. Fügen Sie noch Salz und das Backpulver hinzu und erhitzen Sie den Backofen auf 200 °C, während Sie den Teig in eine vorgefettete Kastenform geben. Anschließend backen Sie das Brot etwa eine 1/2 Stunde bei 180°C, bis die Kruste goldbraun und fest ist. Prüfen Sie die Konsistenz mit einem Zahnstocher: Wenn nichts mehr Kleben bleibt, ist Ihr Kräuter-Power-Brot fertig zum Verzehr.

Das wiederum zaubert uns unvermeidlich ein Lächeln ins Gesicht. Neurologisch lässt sich die stimmungsaufhellende Wirkung von Saurem ebenfalls gut belegen: Saure Lebensmittel regen die Produktion bestimmter Neurotransmitter (Serotonin) an, die für gute Laune sorgen. Sie heben die Stimmung und fördern die Konzentrationsfähigkeit.

Zu den Top Ten der beliebtesten sauren Lebensmitteln gehören Essiggurken, saure Heringe, Zitronen, grüne Äpfel, Sauerkraut, Rhabarber, saure Kirschen, Johannisbeeren, Sanddorn und Sauermilch. Saure Lebensmittel haben zudem einen hohen Gehalt an Vitamin C und Mineralstoffen. Sauermilchprodukte beispielsweise entstehen durch Fermentation. Die dafür verantwortlichen Milchsäurebakterien sind wiederum essenziell für die Stärkung unseres Immunsystems, sie töten unerwünschte Bakterien ab und regulieren den körpereigenen Säurehaushalt. Übrigens wirkt Saures nicht nur beim Menschen. Auch Tiere reagieren auf saure Nahrung. Ihre Reaktion darauf (etwa ein Hund, der versehentlich in eine Zitrone anstatt in einen Tennisball beißt) bringt einen buchstäblich zum Lachen.

Was sind Ihre Top Ten unter den sauren Lebensmitteln? Bereichern Sie Ihren Einkaufszettel von nun an mit diesen Produkten.

37 Tolle Powerfrüchtchen

Der größte Fluss der Welt, der Amazonas in Südamerika, bringt mit seinen gigantischen Wassermengen so manche Wunderpflanze im tropischen Regenwald hervor. Der Kakaobaum oder der Guaranastrauch gehören zu diesen Powergewächsen. Auch wenn wir bei Kakao sofort an die süße Vollmilchschokolade oder das pulvrige Milchgetränk denken: Kakao ist viel mehr! Bei den Azteken galt Kakao als die Frucht der Götter. Dem Kakao wurden heilende Kräfte nachgesagt. Kein Wunder, denn die Bohne ist äußerst gesund und reich an Vitaminen. Das Schöne ist, dass wir heute in jedem großen Supermarkt reines Kakaopulver ohne Zucker oder andere Zusatzstoffe kaufen können. Schauen Sie in die Backwarenabteilung, dort finden Sie den Kakao meist in der Nähe von Nüssen, Kuchenglasur und Mehl. Geben Sie das Pulver in ein Glas (ein bis zwei Teelöffel) und fügen Sie etwas heißes Wasser hinzu, damit es sich besser auflöst, bevor Sie die

Milch beimischen. Probieren Sie das Pulver auch mal mit Soja-, Mandel- oder Reismilch und vielleicht einer Prise Zimt. Sie werden erstaunt sein, wie gut diese Kakaogetränke ohne Zucker schmecken. Lecker! Ebenso nährstoffreich und belebend ist die koffeinhaltige Guaranapflanze. Das Pulver aus den gemahlenen Samen der Guaranafrucht erhalten Sie z.B. im Weltladen oder auch im Internet. Guarana dient hierzulande oft als gesunde Alternative zur Kaffeebohne und wird gerne im Sport eingesetzt. Das Pulver wird meist in Wasser aufgelöst getrunken. Es zügelt den Appetit (gerade auf Süßes), regt den Kreislauf an und hebt die Stimmung. Sind das nicht tolle Früchte?

38 Essen wie Gott in Frankreich

Die französische Küche gilt als die höchste Kochkunst Europas. Frankreich ist bekannt für seine exzellenten Weine und seinen guten Käse. Neben Baguette, Crêpes, Flammkuchen oder Quiche stehen vor allem Fisch, Lamm, Meeresfrüchte, Gemüse und frische Kräuter auf dem Speiseplan. Wunderbare Gerichte gibt es auch mit Auberginen, Muscheln und Ente. Essen heißt in Frankreich vor allem genießen - und das machen uns die

Franzosen vorbildlich vor. Erweitern Sie Ihr Rezeptbuch mit kulinarischen - natürlich zuckerfreien - Delikatessen aus der französischen Nationalküche. Unser Gaumen braucht mehr Abwechslung!

Nehmen Sie zum Beispiel die Artischocke: Sie können sowohl die Blätter als auch den Blütenboden verzehren. Kochen, braten oder grillen Sie das grüne Blütengemüse. Eingelegt als Antipasti schmecken Artischockenherzen besonders gut. Probieren Sie Artischocken auch einmal mit Käse überbacken auf Baguettescheiben oder im Salat. Bon Appetit!

39 Kosmetik aus der Küche

Wäre es nicht toll, nie wieder Geld für teure Haarkuren, Nagellack gegen brüchige Fingernägel oder Pflegelotionen gegen unreine Haut ausgeben zu müssen? Die gute Nachricht: Wer Industriezucker meidet, kann tatsächlich schon nach wenigen Tagen sein Hautbild verbessern, nach einigen Wochen sind die Fingernägel spürbar kräftiger und das Haar glänzt wie von selbst. Und das geht ganz einfach mit einer kleinen Ernährungsumstellung: Legen Sie in Zukunft mehr Wert auf eine gesunde und ausgewogene Kost. Essen Sie viel frisches Obst, Vollkornprodukte statt süßer Naschereien. Essen Sie mehr Nüsse und Leinsamen (sie sind besonders reich an Zink, Vitaminen und Mineralstoffen) und Sie werden sich schon nach kurzer Zeit nicht nur wohler fühlen, sondern auch gesünder aussehen.

Übrigens können Sie auch von außen nachhelfen: Gesichtsmasken, Cremes und Öle mit Zutaten aus dem Garten. Wie heißt es so schön: Verwenden Sie nur Produkte, die Sie auch essen würden. Gönnen Sie sich nach Feierabend eine kleine Wellnesskur: Behandeln Sie zum Beispiel Ihre Augenringe mit Gurkenscheiben, tauchen Sie Ihre Füße in ein aromatisches Kräuterbad oder massieren Sie Ihre Haarspitzen mit Olivenöl oder Aloe Vera. Sie werden sich wunderbar erfrischt und verjüngt fühlen.

40 Die beste Altersvorsorge

Wenn es um unsere Rente geht, sind wir Deutschen die wohl besten Vorsorgeexperten. Wir legen unser Geld an, schließen rechtzeitig Versicherungen und Zusatzfinanzierungen ab. Wir überlassen nichts dem Zufall, wenn es um unsere Zukunft geht, richtig?

Aber wenn es um die Ernährung geht, sind wir oft viel zu nachlässig, manchmal sogar fahrlässig. Viel zu oft greifen wir aus Zeitmangel, Bequemlichkeit oder Unwissenheit zu ungesunden Lebensmitteln, die uns sogar schaden können. Dabei hängt unsere Gesundheit so sehr von der richtigen Ernährung ab!

Wir wissen es längst: Eine ausgewogene, bedarfsgerechte und vollwertige Ernährung wirkt sich positiv auf Körper und Geist aus. Wie wäre es also mit folgendem echten Präventionsplan als gesunde Altersvorsorge: Für einen guten Start in den Tag empfiehlt sich ein reichhaltiges Frühstück mit hochwertigen Eiweißen, Fetten und Kohlenhydraten. Wie wäre es zum Beispiel mit einem gesunden Knuspermüsli? Schneiden Sie sich Obst in mundgerechte Stücke für das Büro - falls Sie später Lust auf etwas Süßes haben. Nehmen Sie sich für das Mittagessen mindestens eine Stunde Zeit und versuchen Sie, alles abzudecken, was Ihr Körper für den Rest des Tages braucht: ein paar Kohlenhydrate (Kartoffeln oder Gemüse), ausreichend Eiweiß und Fett (aus Leinsamen,

Eiern oder Fisch). Zum Nachtisch Obst nach Wahl mit Joghurt oder Quark kombinieren. Für zwischendurch eignen sich Nüsse, Mandeln oder Trockenfrüchte. Trinken Sie über den Tag verteilt mindestens eineinhalb Liter Flüssigkeit - die vier Tassen Kaffee am Morgen nicht mitgerechnet! Freuen Sie sich auf Ihr wohlverdientes Abendessen, das nicht zu spät sein sollte (optimal sind vier Stunden vor dem Schlafengehen). Wie wäre es mit einem frischen Salat, etwas gegrilltem Hähnchenfleisch, einer selbstgemachten Suppe oder einfach einem zuckerfreien Eiweißshake. Gönnen Sie sich am Ende des Tages eine Tasse ungesüßten Tee Ihrer Wahl und kommen Sie rechtzeitig zur Ruhe, damit Sie einen erholsamen Schlaf haben - und schon sind Sie gut fürs Alter versorgt!

41 Gesunde Pausen

Das Jahr hat noch gar nicht richtig begonnen, da steht für viele Menschen sechs Wochen vor Ostern ab Aschermittwoch das traditionelle Fasten auf dem Programm. Das christliche Reinigungsritual soll an das 40-tägige Fasten Jesu in der Wüste erinnern. Fasten wird heute nicht mehr automatisch mit Religion in

Verbindung gebracht. Im Vordergrund kann die bewusste Entgiftung des eigenen Körpers stehen oder das Bedürfnis, sich in einer Auszeit von überflüssigem Ballast zu befreien und alte, unliebsame Gewohnheiten abzulegen. Fasten wirkt sich positiv auf Körper, Geist und Seele aus: Die damit verbundene Ausschüttung von Glückshormonen sorgt für innere Harmonie, Fröhlichkeit, Ruhe und Leichtigkeit. Sinneseindrücke werden intensiver wahrgenommen und man nimmt sich Zeit, alte Lebensgewohnheiten zu überprüfen. Fasten kann auch mit mehr Bewegung (z.B. Yoga), Entspannung (viel Schlaf) und bewusster Körperpflege (dazu gehört auch eine gesunde Ernährung) verbunden werden. Es gibt ganz verschiedene Arten zu fasten: Beim Basenfasten zum Beispiel darf man über den Tag verteilt kleine Mahlzeiten zu sich nehmen. Diese sollten jedoch basisch und mineralstoffreich sein, um den Körper zu entsäuern. Verzichten Sie in dieser Phase vor allem auf Süßigkeiten, aber auch auf Fleisch- und Milchprodukte, Fisch, Nudeln, Kaffee und Alkohol. Bevorzugen Sie Obst und Gemüse und trinken Sie viel ungesüßten Tee oder Wasser, dem Sie zur Erfrischung Zitronenscheiben oder Pfefferminzblätter hinzufügen können. Das Fasten bietet natürlich vor allem eine optimale Gelegenheit, sich von der Zuckersucht zu befreien und sich neue, gesunde Gewohnheiten anzueignen. Nutzen Sie doch die traditionelle Fastenzeit im Frühjahr für Ihre persönliche gesunde Auszeit. Sie müssen nicht unbedingt die ganzen 40 Tage durchhalten. Um reinigende Veränderungen zu erzielen, reichen schon wenige Tage aus.

42 Belohnen Sie sich!

Wer auf Süßigkeiten verzichtet, kann natürlich auch viel Geld sparen. Machen wir eine grobe Rechnung auf: Pro Tag kaufen Sie durchschnittlich ein süßes Gebäck, meist morgens auf dem Weg zur Arbeit beim Bäcker (ca. 1 Euro). Zwischendurch greifen Sie in die Schublade und kaufen sich eine Tafel Schokolade oder Bonbons (ca. 2 Euro). Nach dem Mittagessen gibt es eine Cola oder ein kleines Dessert (2 Euro). Abends gibt es Gummibärchen oder Kekse zum Fernsehprogramm oder ein Eis (2 Euro). Der eine verzehrt vielleicht das Doppelte, der andere schafft es nur am Wochenende, aber im Durchschnitt geben wir vielleicht 7 Euro pro Tag für

Süßigkeiten und zuckerhaltige Produkte aus. Das sind 210 Euro im Monat und 2.500 Euro im Jahr!

Legen Sie sich ein kleines Sparschwein an und werfen Sie jedes Mal den Euro ein, den Sie sonst an der Supermarktkasse für einen Schokoriegel oder beim Bäcker für Süßes ausgegeben hätten. Auch der Verzicht auf Energydrinks, gesüßten Fruchtjoghurt oder Brötchen bringt bares Geld. Am Ende des Jahres haben Sie einen ordentlichen Betrag gespart und zusätzlich auf überflüssige Kalorien verzichtet. Herzlichen Glückwunsch! Jetzt können Sie sich etwas ganz Besonderes von dem Ersparten kaufen. Belohnen Sie sich zum Beispiel mit einem Extra-Urlaub. Wahrscheinlich müssen Sie vorher noch einmal einkaufen gehen, denn durch den Verzicht auf Süßigkeiten haben Sie sicher einige Kilos verloren und brauchen dringend einen neuen Bikini oder eine neue Badehose ...

43 Setzen Sie sich klare Ziele

Es gibt Menschen, die es wirklich genau nehmen müssen. Wenn auch Sie zu den Perfektionisten und

Analytikern gehören, machen Sie sich einen Strategieplan, um Ihre Naschsucht in den Griff zu bekommen. Wann genau wollen Sie was erreichen? Was sind die einzelnen Schritte auf dem Weg dorthin? Wie gehen Sie dabei vor, was streichen Sie dafür von Ihrem Speiseplan, wie viel Sport treiben Sie pro Woche und was soll am Ende dabei herauskommen? Denken Sie noch einen Schritt weiter: Welche Menschen tun Ihnen gut, um Ihre Ziele zu erreichen, und welche stehen Ihnen im Weg? Überlegen Sie auch, welche Straßen Sie meiden und was Sie nicht mehr tun wollen. Studien zeigen, dass die Visualisierung von Zielen eine hilfreiche Struktur schafft, um das jeweilige Vorhaben besser gelingen zu lassen. Verschiedene Techniken können dabei helfen: zum einen in Form einer »Mindmap«, einer Gedächtnislandkarte mit vielen grafischen Symbolen, Pfeilen und Farben, zum anderen in Form einer Liste mit chronologischer Aufzählung und Stichpunkten. Behalten Sie den Überblick und verwenden Sie nur eine DIN-A4-Seite für die Planung Ihres zuckerfreien Alltags. Wenn Sie Ihren Plan gleich als Liste in den PC eingeben, können Sie ihn später beliebig ergänzen.

Machen Sie sich zum Beispiel einen Tages- oder Wochenplan. Notieren Sie darin Ihre Zwischenziele, aber auch Kochideen oder neue Gewohnheiten. Erinnern Sie sich visuell an Ihr Vorhaben und belohnen Sie sich für das Erreichen kleiner Ziele. Aufgrund der Komplexität unseres Alltags müssen wir unser Leben ständig ordnen, strukturieren und vereinfachen. Verwenden Sie deshalb Symbole, die mit Gesundheit (Apfel), Bewegung (Rad), Wohlbefinden (Smiley) oder Glück (Kleeblatt) zu tun haben. Tragen Sie den Plan immer bei sich: Fotografieren Sie ihn mit Ihrem Smartphone oder verwenden Sie ihn gleich als Hintergrundbild auf Ihrem Gerät. Verzichten Sie aber auf konkrete Gewichtsangaben. Arbeiten Sie also weniger auf ein bestimmtes Wunschgewicht hin, sondern orientieren Sie sich an Ihrem persönlichen Wohlbefinden. Denn niemand wird merken, ob Sie drei Kilo mehr oder weniger auf die Waage bringen, aber jeder wird sofort Ihre positive Ausstrahlung bemerken. Seien Sie nicht zu streng mit sich und setzen Sie sich nicht unnötig unter Druck. Hören Sie einfach auf Ihren gesunden Menschenverstand.

44 Geduld mit der Drei-Tage-Regelung

Hart trainiert, den ganzen Tag gefastet und trotzdem keinen Unterschied auf der Waage zu sehen? Das ist typisch für uns, oder?! Wir wollen sofort Ergebnisse sehen! Aber haben Sie Geduld, geben Sie Ihrem Körper Zeit, sich umzustellen. Es gibt ja die Drei-Tage-Regel. Kennen Sie die? Der Erfolg eines Vorhabens / einer Handlung zeigt sich erst nach drei Tagen - aber er kommt, versprochen! Probieren Sie es gleich aus: Treiben Sie an drei aufeinander folgenden Tagen jeweils eine Stunde Sport und verzichten Sie komplett auf Süßigkeiten. Sie werden es spüren und sehen!

Die 3-Tage-Regel funktioniert natürlich auch umgekehrt (und das ist das Tückische daran): Wer heute ein großes Stück Kuchen verschlingt und später noch eine Tüte Gummibärchen, bekommt vielleicht Bauchschmerzen, wiegt aber nicht plötzlich drei Kilo mehr. Denn die Verdauung braucht bis zu 72 Stunden. Aiso drei Tage müssen vergehen, bis man tatsächlich merkt, dass der Jeansknopf plötzlich nicht mehr schließen lässt. Und das gute Stück Kuchen ist längst vergessen. Der Zusammenhang ist oft nicht mehr klar. Man hat die

Nascherei verdrängt und kann sich die vermeintliche Gewichtszunahme nicht mehr erklären. Also: Finger weg von den süßen Dickmachern, lieber die Sportschuhe schnüren und laufen Sie los. Üben Sie auch die Fähigkeit zum Warten. Wie heißt es so schön: Geduld in allen Dingen führt sicher zum Erfolg!

45 Die Zuckersucht bändigen

Manchmal überkommt einen die Lust auf Süßes so sehr, dass man sie kaum noch zügeln kann. Beißen Sie in diesem Fall in einen knackigen Apfel, verzehren Sie eine Banane oder trinken Sie ein großes Glas Wasser. Manchmal verwechseln wir Durst mit Hunger oder auch mit Frieren oder Müdigkeit. Finden Sie zunächst heraus, was die Ursache Ihres Verlangens ist. Liegt es tatsächlich am niedrigen Blutzuckerspiegel, greifen Sie am besten zu einer natürlichen Alternative: Trockenfrüchte. Diese haben zwar einen hohen natürlichen Zuckergehalt (bis zu 55 Prozent), verfügen aber gleichzeitig über wertvolle Nährstoffe. So ist die Dattel ein echter Energiespender und wirkt sich durch ihren hohen Ballaststoffgehalt positiv auf die Verdauung aus.

Extratipp

Trockenfruchtige Alternativen ohne zusätzlichen (Industrie-) Zucker sind Datteln, Feigen, Sultaninen, Weinbeeren, Pfirsich-, Papaya-, Rhabarber- oder Ananasstücke, Apfelringe, Bananenstücke, Birnen, Physalis, Heidelbeeren, Aprikosen, Pflaumen, Gojibeeren und Maulbeeren. Vorsicht bei Cranberries, Kirschen, Ingwerstücken, Erdbeeren, Kiwi, Bananenchips oder Mango: Sie sind oft zusätzlich gezuckert!

Neben viel Magnesium enthalten sie unter anderem auch Eisen sowie die Vitamine B und C. Sie sind beliebt als Snack für zwischendurch, in mediterranen Regionen als Beilage oder sogar als Hauptbestandteil von Pasta- oder Fleischgerichten. Die in der Mittelmeersonne gereiften Früchte passen zu vielen anderen Gerichten: Joghurt, Quark, Nüsse, Orangen, aber auch Speck, Käse oder Couscous. Wenn Sie also das nächste Mal Lust auf etwas Süßes zum Nachmittagskaffee haben, greifen Sie zu süßen Trockenfrüchten. Am besten vorher portionieren, denn auch hier ist die Gefahr groß, mehr als nötig zu essen. Drei Stück pro Tag sind kein Problem! Wenn Sie keine Trockenfrüchte mögen, ist Bitterschokolade eine gute Nachspeise. Je höher der

Kakaoanteil, desto geringer der Zuckeranteil. Schon mal eine mit 99 Prozent Kakao probiert?

Und noch ein Tipp: Bewahren Sie Süßigkeiten, egal in welcher Form, niemals auf Vorrat zu Hause oder in der Schreibtischschublade auf! Tricksen Sie Ihre Zuckersucht aus und sorgen Sie dafür, dass Sie bei Süßhunger extra zugreifen müssen. Oft verschwindet das starke Verlangen dann von selbst. Und wenn Sie tatsächlich ein paar Schritte gehen und der Heißhunger auf Süßes immer noch da ist, dann haben Sie sich auch eine kleine Nascherei verdient!

46 Vermeiden Sie Negationen

Verzichten Sie bei der Formulierung Ihrer Ziele auf negative Formulierungen wie »Du sollst nicht« oder »Das ist nicht erlaubt«. Solche Regeln und Einschränkungen wirken eher demotivierend und das mögen wir gar nicht. Das Leben ist schon hart genug, da wollen wir nicht auch noch das Naschen verbieten. Die Überwindung der Zuckersucht soll für uns eine positive Herausforderung sein, die vor allem Spaß macht! Gehen Sie mit Überzeugung, Neugier, Offenheit und Freude an die Sache heran und Sie werden sehen, dass Sie bald ganz von selbst gerne auf zu viel Zucker verzichten!

Machen Sie es sich also nicht zu schwer, stellen Sie sich einen entspannten Kein-Zucker-Plan auf.

Formulieren Sie jeden Tag drei positive Sätze und verwenden Sie dafür nur positiv besetzte Begriffe. Scheuen Sie sich nicht vor Wortkreationen wie Happy Time, Glücksformel, Superprojekt, Powergericht, Bester Weg, Schweinehund-Winner, Masterplan etc. Vergessen Sie die Smileys nicht und gönnen Sie sich zwischendurch eine Auszeit. Statt »Ich muss heute noch sechs Kilometer laufen«, formulieren Sie lieber positiv: »Ich darf (oder kann) noch eine lockere Runde joggen gehen«. Aus dem Verbot »Ich darf keine Schokolade essen« wird eine freudige Erwartung: »Ich gönne mir heute einen frisch gepressten Pink-Grapefruit-Saft«. Aus »Ich schaffe es nie, drei Kilo abzunehmen« wird »Heute fühle ich mich wohl, egal, was die Waage anzeigt«.

Apropos Waage: Verbannen Sie solche Stimmungskiller aus Ihrem Blickfeld - Sie werden staunen, wie positiv sich das auf Ihr Gewicht auswirkt!

47 Vorausschauend sein

Kennen Sie diesen Spruch? Er kann Ihnen helfen, sich vor Augen zu halten: »Ein paar Sekunden auf der Zunge, ein paar Stunden im Magen, aber Jahre auf den Hüften«. Überlegen Sie sich also bei jedem neuen Schokoriegel, ob Sie diese Langzeitbeziehung mit Ihren Fettpölsterchen wirklich eingehen wollen. Seien Sie vorausschauend und rufen Sie sich diesen Grundsatz immer wieder ins Gedächtnis (notfalls als Mahnung am Küchenschrank oder als Spickzettel im Portemonnaie). Der kleine süße Genuss ist nur von kurzer Dauer. Und weil er so flüchtig ist, wiederholen Sie ihn wahrscheinlich umso öfter. Und schon ist man in der Naschfalle.

Aber anstatt gegen das Essen anzukämpfen, versöhnen Sie sich mit Ihrem schlechten Gewissen und lassen Sie sich Zeit. Natürlich dürfen Sie sich auch auf süße Speisen freuen. Naschen soll Spaß machen und schmecken, aber wählen Sie bewusst kleinere Portionen, die Sie dann umso mehr genießen. Essen Sie nicht ständig, machen Sie längere Pausen zwischen den Mahlzeiten und hören Sie auf Ihr natürliches Sättigungsgefühl. Vermeiden Sie nicht nur zuckerhaltige, sondern auch zu salzige oder zu fettige Speisen, die nur Lust auf mehr machen.

Think positive! Freuen Sie sich auf eine gesunde, wohldosierte und schmackhafte Mahlzeit, die Sie vor Bauchschmerzen und Völlegefühl bewahrt.

Extratipp

Plan B zur sofortigen Anwendung bei einem Anfall von Zuckersucht, falls es Ihnen schwer fällt, vorausschauend zu handeln:

- Augen kurz schließen und tief durchatmen
- ein Glas Mineralwasser trinken
- ein Stück Obst essen
- den Raum verlassen oder direkt an die frische Luft gehen
- Liegestütze oder Sit-ups, Kraftübungen mit Hanteln
- in Rückenlage Atemübungen machen und den Bauch mit warmen Händen reiben
- eine kleine Runde joggen
- sich auf andere Gedanken bringen, z. B. mit Gute-Laune-Musik und einer Runde Singen oder Tanzen
- die beste Freundin anrufen
- unter die Dusche springen
- sich wärmer anziehen

Mit reichlich Flüssigkeit zwischendurch (Wasser, Tee, weniger Säfte und Kaffee) regulieren Sie Ihren Appetit fast automatisch. Sorgen Sie dafür, dass die richtigen Produkte im Küchenregal stehen und ausreichend Teesorten und Wasserflaschen vorhanden sind. Und denken Sie an die tägliche Bewegung an der frischen Luft!

48 Gehen Sie auf Entdeckungsreise

Und was ist mit den Ferien? Sie haben vollkommen Recht: Im Urlaub kann man ziemlich bequem werden. Das ist auch gut so, schließlich will man sich erholen und Spaß haben. Das Essen wird oft von fremden Händen zubereitet und fertig serviert. Dieser Luxus verleitet natürlich zu großen Portionen. Deshalb sollte man sich bei All Inclusive immer fragen, ob wirklich alles, was inbegriffen ist, auch in den Magen wandern muss. Sie müssen nicht gleich alle guten Vorsätze über Bord werfen, nur weil Sie im Urlaub sind und die Reise vielleicht sehr teuer war. Wenn Ihnen das schwerfällt, wie wäre es beim nächsten Mal mit Halbpension? Oder gehen Sie im Reiseland selbst auf Nahrungssuche (sofern das vor Ort möglich ist). Das macht nicht nur Spaß, sondern weckt auch die Entdeckerlust. Ein Urlaub könnte auch eine gute Gelegenheit sein, Ihre »Steinzeitinstinkte« zu wecken (siehe vorhergehenden Tipp in diesem Buch). In fremden Ländern können Sie die kulinarische Vielfalt entdecken. Achten Sie dabei auf zwei Dinge: Genießen Sie natürlich und in Maßen. Nehmen Sie sich Zeit und beobachten Sie das Essverhalten der Einheimischen. Lassen Sie sich inspirieren und entdecken Sie das Land mit allen Sinnen.

49 Never give up!

»Nicht aufgeben« ist die Devise, wenn Sie Ihre ungesunden Naschgewohnheiten in den Griff bekommen wollen. Es wird sicher Tage geben, an denen Sie rückfällig werden, unzufrieden oder schwach sind. Aber jeder Tag ist ein neuer Tag, an dem Sie sich auf Ihre Ziele und guten Vorsätze besinnen und auf Industriezucker verzichten können.

Eine kleine Hilfe ist es, sich einen Tag / ein Datum zu setzen und sich daran zu orientieren: »Am Tag X habe ich offiziell aufgehört, Zucker zu essen«. Wie schön wäre es, jede weitere Woche ohne Zucker zu feiern. Und wenn daraus Monate oder gar Jahre werden, was für eine Errungenschaft! Machen Sie diesen Tag zu Ihrem persönlichen Feiertag. Laden Sie Freunde und Familie zum Essen ein, servieren Sie zuckerfreie Alternativen, zeigen Sie, was man alles ohne Zucker essen und genießen kann! Sie werden sehen: Da kommt einiges zusammen und der Tisch ist reich gedeckt. Lassen Sie das vergangene Jahr mit all seinen Höhen und Tiefen noch einmal Revue passieren. Sie waren nicht immer standhaft? Macht nichts. Es gab sicher genug Tage, an denen Sie tapfer durchgehalten haben und echte Erfolgserlebnisse hatten.

Feiern Sie Ihre Stärke! Wie haben Sie es geschafft, an diesen Tagen ohne Zucker auszukommen? Welchen Trick haben Sie angewandt und wie haben Sie sich dabei gefühlt? Seien Sie geduldig und verständnisvoll mit sich selbst. Lachen Sie heute über Ihr altes "Suchtverhalten" und freuen Sie sich, dass Sie am Tag X eine so wichtige Entscheidung für sich getroffen haben. Vielleicht ist heute mit dem Kauf dieses Ratgebers ein solcher Tag? Wenn ja, schreiben Sie das Datum in die nächste Zeile:

_____

Damit Sie schöne Erfolgserlebnisse haben und der Spaß nicht zu kurz kommt: Versuchen Sie, eine natürliche Balance zwischen Standhaftigkeit, schlechtem Gewissen und Ausnahmen zu finden. Sie werden sehen, es ist gar nicht so schwer!

50 Übung macht den Meister

Dem bekannten deutschen Sprichwort »Übung macht den Meister« geht der Satz »Lehre bildet den Geist« voraus. Bis jetzt haben Sie viel Theoretisches und Lehrreiches gelesen. Vielleicht konnten Sie auch schon einige Tipps erfolgreich in die Praxis umsetzen und glauben, Ihre Zuckersucht im Griff zu haben? Herzlichen Glückwunsch! Aber denken Sie daran, es ist noch kein Meister vom Himmel gefallen und nur durch Wiederholung prägen sich die einzelnen Schritte langfristig ein. Sie werden sich wundern, wie schnell unser Gedächtnis neu Gelerntes wieder vergisst und schon sind Sie wieder bei den alten Gewohnheiten. Zum Glück haben Sie es aufgeschrieben und immer griffbereit.

Wiederholen Sie die für Sie passenden Kapitel dieses kleinen Ratgebers. Seien Sie in kritischen Alltagssituationen wachsam und innerlich vorbereitet - der nächste Geburtstag kommt bestimmt, Weihnachten steht vor der Tür und an der Supermarktkasse befinden sich noch immer die leckeren Schokoriegel auf Augenhöhe - dann kann Sie die süße Versuchung nicht mehr aus der Ruhe bringen. Bleiben Sie möglichst entspannt und gehen Sie spielerisch an die Sache heran. Die Zuckerfallen sind immer die gleichen und wiederholen sich täglich. Versuchen Sie herauszufinden, warum Ihnen das eine besonders gut gelingt und das andere vielleicht gar nicht. Ändern Sie ihre Strategien im Notfall und glauben Sie an sich!

Ich wünsche Ihnen viel Erfolg auf diesem Weg und viele entspannte zuckerfreie Tage!

Selbsttest: Sind Sie zuckersüchtig?

Nicht jeder, der gerne mal ein Stück Kuchen isst oder sich immer wieder ein Eis gönnt, ist gleich süchtig nach Süßem. Der Übergang von der gelegentlichen Naschkatze zum »Zuckerjunkie« ist fließend. Dieser Test kann Ihnen helfen herauszufinden, wo Sie gerade stehen.

Beantworte die folgenden Fragen ehrlich, um herauszufinden, ob du deinen Zuckerkonsum im Griff hast. Wähle jeweils die Antwort, die am besten auf dich zutrifft.

Verhalten beim Zuckerkonsum

Ich habe versucht, den Konsum von Süßigkeiten zu reduzieren, bin aber gescheitert.
❑ Trifft zu ❑ Manchmal ❑ Trifft nicht zu

Die süßen Mengen, die ich zu mir nehme, werden immer größer.
❑ Trifft zu ❑ Manchmal ❑ Trifft nicht zu

Ich esse oft mehr, als ich mir vorgenommen habe.
❑ Trifft zu ❑ Manchmal ❑ Trifft nicht zu

Wenn ich erst einmal mit Süßigkeiten angefangen habe, kann ich nicht mehr aufhören.
❑ Trifft zu ❑ Manchmal ❑ Trifft nicht zu

Ich kann die Portionen nicht einteilen, oft esse ich alles auf einmal.
❑ Trifft zu ❑ Manchmal ❑ Trifft nicht zu

Ich gehe manchmal nachts an den Kühlschrank, um mir etwas Süßes zu holen.
❏ Trifft zu ❏ Manchmal ❏ Trifft nicht zu

Ich verstecke Süßigkeiten, um sie später ungestört oder heimlich essen zu können.
❏ Trifft zu ❏ Manchmal ❏ Trifft nicht zu

Ich esse immer alles auf, was auf meinem Naschteller ist.
❏ Trifft zu ❏ Manchmal ❏ Trifft nicht zu

Gedanken und Emotionen

Meine Gedanken kreisen ständig um das Thema Süßes.
❏ Trifft zu ❏ Manchmal ❏ Trifft nicht zu

Ich fühle mich beherrscht vom Gedanken an Süßes.
❏ Trifft zu ❏ Manchmal ❏ Trifft nicht zu

Ich habe das Gefühl, dass mein Wohlbefinden davon abhängt, wie viel Süßes ich esse.
❏ Trifft zu ❏ Manchmal ❏ Trifft nicht zu

Ich esse Süßes, auch wenn ich eigentlich satt bin.
❏ Trifft zu ❏ Manchmal ❏ Trifft nicht zu

Ich empfinde meinen Zuckerkonsum als problematisch.
❏ Trifft zu ❏ Manchmal ❏ Trifft nicht zu

Ich wünsche mir, weniger Süßes zu essen, fühle mich aber machtlos.
❏ Trifft zu ❏ Manchmal ❏ Trifft nicht zu

Körperliche und emotionale Reaktionen

Ich werde unruhig, launisch, deprimiert oder gereizt, wenn ich länger auf Süßes verzichte.
❏ Trifft zu ❏ Manchmal ❏ Trifft nicht zu

Ich fühle mich unruhig oder angespannt, wenn ich nichts Süßes essen darf.
❏ Trifft zu ❏ Manchmal ❏ Trifft nicht zu

Ich bemerke körperliche Symptome wie Kopfschmerzen, wenn ich keinen Zucker esse.
❏ Trifft zu ❏ Manchmal ❏ Trifft nicht zu

Essgewohnheiten und Kontrolle

Ich halte mich an strikte Ernährungspläne, bei denen Mahlzeiten in „erlaubt" und „verboten" unterteilt sind.
❏ Trifft zu ❏ Manchmal ❏ Trifft nicht zu

Ich habe das Gefühl, dass Zucker mich beruhigt oder mir hilft, mit Stress umzugehen.
❏ Trifft zu ❏ Manchmal ❏ Trifft nicht zu

Ich esse Süßigkeiten oft aus Langeweile oder Frust.
❏ Trifft zu ❏ Manchmal ❏ Trifft nicht zu

Soziales Verhalten

Ich sage Treffen oder Aktivitäten ab, um Süßigkeiten zu essen.
❏ Trifft zu ❏ Manchmal ❏ Trifft nicht zu

Ich fühle mich schuldig, nachdem ich viel Süßes gegessen habe.
❏ Trifft zu ❏ Manchmal ❏ Trifft nicht zu

Auswertung

Zähle die Anzahl der Antworten, die auf „Trifft zu" oder „Manchmal" fallen. Je mehr dieser Antworten du ankreuzt, desto wahrscheinlicher ist es, dass du Schwierigkeiten mit deinem Zuckerkonsum hast.

Hinweise zur Bewertung

0-5 Punkte: Dein Zuckerkonsum scheint im Rahmen zu sein.

6-10 Punkte: Es könnte hilfreich sein, deinen Zuckerkonsum bewusst zu reflektieren.

11+ Punkte: Dein Verhalten könnte auf eine starke Abhängigkeit oder Zuckersucht hinweisen. Du solltest darüber nachdenken, professionelle Unterstützung oder Strategien zur Reduktion des Zuckerkonsums in Betracht zu ziehen.

Neu im Buchhandel:

Alkoholfrei. Die 50 besten Tipps

von Regina Tödter

Ein kühles Bier zur Erfrischung, ein Glas Rotwein zur Entspannung – für viele Menschen ist das ganz normal. Alkoholkonsum ist ein fester Bestandteil unserer Kultur. Wir trinken, weil es gut schmeckt und weil es (fast) jeder tut. Dabei vergessen wir allzu leicht, dass schon wenige Schlucke negative Auswirkungen auf unsere Gesundheit haben können. Es geht ganz gut auch ohne.

ISBN: 978-3758368561